Les cahiers d'exercices

Anglais

Débutants

Hélène Bauchart

Avant-propos

Dans les différents chapitres de ce cahier, les leçons et exercices sont répartis en deux sections indépendantes, auxquelles une couleur différente est attribuée : vert pour la grammaire et le vocabulaire et rose pour la prononciation. Le vocabulaire nécessaire pour comprendre et faire les exercices est fourni dans une banque de mots, accompagnés de leur prononciation.

Les tableaux des pages 3 à 5 vous donnent quelques repères pour démarrer votre apprentissage de la prononciation, qui est distillée à petite dose à la fin de chaque chapitre. Notez que les sons apparaissent entre crochets et que le code de prononciation adopté est une transcription reposant sur des sonorités françaises les plus proches possibles des sons anglais (et non le code de phonétique international, trop ardu et nécessitant un apprentissage préalable). Par ailleurs, l'anglais étant une langue accentuée, certains mots clés portent un accent dit « tonique ». Dans tout le cahier, cet accent est indiqué comme dans les dictionnaires : la voyelle de la syllabe qui le porte est précédée d'une ' (ex. : 'table, He'llo). Nous vous présentons quelques règles d'accentuation basiques dans les chapitres 17 à 18.

Côté pratique, ce cahier vous permet de vous autoévaluer. Après chaque exercice, dessinez l'expression de vos icônes : ☺ pour une majorité de bonnes réponses, 😐 pour environ la moitié et ☹ pour moins de la moitié. À la fin de chaque chapitre, reportez le nombre d'icônes relatives à tous ces exercices et, en fin d'ouvrage, faites les comptes en reportant les icônes des fins de chapitres dans le tableau général prévu à cet effet !

Sommaire

Prononciation

1. Sons voyelles

	Mot anglais	Sons équivalents en français (mais plus courts en anglais)	Représentation dans le cahier
Sons brefs	cat	[a] de *date* (mais tirant un peu vers le [è])	[a]
	red	[è] de *dette*	[è]
	hit	[i] de *pitié*	[i]
	dog	[o] de *colle*	[o]
	cup	entre le [eu] ouvert de *neuf* et le [a] de *date*	[eu]
	put	[ou] de *sou*	[ou]
	postman	[e] de *me* mais très bref	[ᵉᵘ]
		Sons équivalents en français (mais plus longs en anglais)	
Sons longs	car	[â] de *âne*	[â]
	tall	[o] fermé, entre le [ô] de *nôtre* et [or] de *orge*	[ô]
	tea	[î] de *île*	[i]
	spoon	[ou] de *souris*	[ou]
	work	[œu] de *sœur*	[eu]
	can't	[an] de *avant*	[ã]
Sons doubles (diphtongues)	day	[eille] de *groseille*	[èï]
	dry	[aï] de *ail*	[aï]
	toy	[oï] de *oïl*	[oï]
	town	entre [ao] de *baobab* et [aou] de *caoutchouc* (en plus bref)	[a-ou]
	no	[ᵉᵘ] tendant vers un [ou]	[ᵉᵘ-ou]
	hear	[i] tendant vers un [ᵉᵘ]	[i-ᵉᵘ]
	pear	[è] tendant vers un [ᵉᵘ]	[è-ᵉᵘ]

2. Sons consonnes

- b, c, d, f, k, l, m, n, p, t, v, x, z se prononcent comme en français.
- Prononciation des consonnes un peu différente du français :

Consonnes	Mots anglais	Son équivalent en français	Représentation dans le cahier
g	good	[gu] comme dans *garçon*	[g]
	gin	[dj] comme dans *Djibouti* (devant e, i, y)	[dj]
j	juice	[dj] de *Djibouti*	[dj]
r	red	courber la langue vers le palais : donne un son qui se rapproche du [w] de *web* et *watt*	[r]
	car	[r] entendu en fin de mot que si le mot suivant commence par une voyelle et qu'on fait une liaison	[ʳ]
s	yes	[s]/[ss] comme dans *super*	[s]
	rose	[z] comme dans *zoo* entre des voyelles et parfois en fin de mot	[z]
	usual	parfois (plus rare) [j] comme dans *jus*	[j]
w	well	[ou] comme dans *ouate*	[ou]
y	year	[j] de *paille*, *yeux*	[j]

3. Sons différents du français

Graphies	Mots anglais	Se prononce (équivalence en français)	Représentation dans le cahier
ch	cheese	[tch] de *tchin !*	[tch]
sh	shoes	[ch] de *chaussures*	[ch]

4. Sons sans équivalents français

Graphies	Mots anglais	Se prononcent	Représentation dans le cahier
h	hat	h aspiré	[H]
th	the	[z] avec le bout de la langue entre les dents	[DH]
th	tooth	[s] avec le bout de la langue entre les dents	[TH]

- **À noter** : à part le **e** qui reste la plupart du temps muet, toutes les autres lettres se prononcent en finale de mot. Sachez aussi que [**in**] se prononcera comme le [**ine**] de *grenadine*, [**not**] comme *note*, [**bèt**] comme *bête*, [**on**] comme le [**one**] de *zone*, [**hot**] comme *hotte*, etc.

Former ses premières phrases (1/2)

L'alphabet

Prenez quelques minutes pour mémoriser la prononciation des lettres, puis passez aux exercices.

A	[èï]	F	[èf]	K	[kèï]	P	[pi]	U	[iou]	
B	[bi]	G	[dji]	L	[èl]	Q	[kiou]	V	[vi]	
C	[si]	H	[èïtch]	M	[èm]	R	[âʳ]	W	[deubᵉᵘliou]	
D	[di]	I	[aï]	N	[èn]	S	[ès]	X	[èks]	
E	[i]	J	[djèï]	O	[ᵉᵘou]	T	[ti]	Y	[ouaï]	
								Z	[zèd] ([zi] aux USA)	

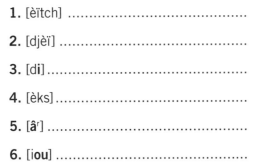

1 Trouvez les lettres de l'alphabet à partir de leur prononciation, en essayant de ne pas regarder le tableau

1. [èïtch] ....

2. [djèï] ....

3. [di] ....

4. [èks] ....

5. [âʳ] ....

6. [iou] ....

3 Épelez ces prénoms à haute voix de préférence

1. SIMON
[.......] [.......] [.......] [.......] [.......]

2. PAUL
[.......] [.......] [.......] [.......]

3. JANE
[.......] [.......] [.......] [.......]

2 Entourez la bonne prononciation, en essayant de ne pas regarder le tableau

1. A ➔ [aï]   [ouaï]   [èï]

2. E ➔ [èï]   [i]   [aï]

3. I ➔ [aï]   [i]   [èï]

4. U ➔ [deubᵉᵘliou]   [ouaï]   [iou]

5. Y ➔ [èï]   [ouaï]   [aï]

6. G ➔ [dji]   [djèï]   [kèï]

7. K ➔ [kèï]   [dji]   [djèï]

8. Q ➔ [kèï]   [kiou]   [èks]

Les articles définis et indéfinis

À retenir : les noms anglais n'ont pas de genre.

- L'article indéfini anglais est **a** (prononcé [eu]) devant un nom commençant par une consonne, **an** (prononcé [eun]) devant un nom commençant par une voyelle (ex. : a bee [eu 'bi], an elephant [eun 'èlifeunt]). Il est invariable et signifie **un** ou **une**.

- L'article défini est **the**. Il se prononce [DHeu] devant un nom commençant par une consonne et [DHi]

devant un nom commençant par une voyelle (ex. : the bee(s) [DHeu 'bi(z)], the elephant(s) [DHi 'èlifeunt(s)]). Il est invariable et signifie donc **le, la, les**.

Banque de mots
man ['man] (*homme*)
woman ['oumeun] (*femme*)
boy ['boï] (*garçon*)
girl ['geul] (*fille*)
bee ['bi] (*abeille*)

cat ['kat] (*chat*)
dog ['dog] (*chien*)
elephant ['èlifeunt] (*éléphant*)
rabbit ['rabit] (*lapin*)
apple ['apeul] (*pomme*)
egg ['èg] (*œuf*)
umbrella ['ambrèleu] (*parapluie*)
and [and] (*et*)

4 Complétez les espaces par A ou AN ●●

1. ....cat
2. ....egg
3. ....apple
4. .... dog
5. ....rabbit
6. ....umbrella

5 Traduisez les petits énoncés suivants ●●

1. Le chat ....
2. Un parapluie ....
3. Un lapin ....
4. Le chien ....

6 Entourez la bonne prononciation de THE dans les énoncés suivants ●●

1. the egg ➜   [DHeu]   [DHi]
2. the rabbit ➜   [DHeu]   [DHi]
3. the dog ➜   [DHeu]   [DHi]
4. the apple ➜   [DHeu]   [DHi]

Les pronoms personnels sujets

je	tu	il	elle	sujet neutre	nous	vous	ils/elles
I	**you**	**he**	**she**	**it***	**we**	**you**	**they**
[aï]	[iou]	[Hi]	[chi]	[it]	[oui]	[iou]	[DHèï]

* singulier, utilisé pour un objet ou un animal (au pluriel, on utilise **they**)
À noter : **I** prend toujours une majuscule, même en milieu de phrase.

7 Remplacez les prénoms ou noms suivants par le pronom qui convient

1. the umbrella :

....

2. Sarah and I :

....

3. Simon :

....

4. Matt and John :

....

5. John and you :

....

6. Keira :

....

7. the cats :

....

8. the dog :

....

Le verbe être

To be [tou **bi**] (**to** est la marque de l'infinitif). Il se conjugue comme suit à la forme affirmative.

Forme pleine	Forme contractée
I **am** [aï am] ([aï^{eu}m], vie courante)	I**'m** [aïm]
You **are** [iou **â**^r]	You**'re** [iou-^{eur}]
She/he/it **is** [chi/hi/it iz]	She**'s** [chiz], he**'s** [Hiz], it**'s** [its]
We/you/they **are** [ou**i**/i**ou**/DHè**ï â**^r]	We**'re** [oui-^{eur}], you**'re** [iou^{eur}], they**'re** [DHè-^{eur}]

- La forme contractée s'utilise à l'oral (au présent, comme à tous les autres temps que vous allez apprendre dans ce cahier).
- À l'aide du verbe **être**, des articles et de quelques noms et adjectifs, vous pouvez commencer à parler de vous et des autres. Structures à utiliser : **to be + adjectif** ou **to be + article + nom**

8 Entourez la bonne conjugaison de **TO BE** et/ou le bon complément

1.	Simon and Jane	is – are – am	happy.
2.	You and I	am – are – is	sad.
3.	You	is – am – are	French.
4.	He	am – is – are	a man – a girl – a boy – a woman
5.	It	am – is – are	a rabbit – a bee – a dog – a cat
6.	She	am – is – are	a man – a girl – a boy – a woman

9 Donnez la forme pleine ou contractée des formes suivantes

Forme pleine	Forme contractée
1.	I'm Sarah ['sè^{eu}r^{eu}]. I'm a girl
2. Matt ['mat] is a man	....
3. They are sad	....
4.	Keira's ['kir^{eu}z] happy
5. I am John ['djon]	....

Les adjectifs

Nous aborderons les adjectifs de manière plus approfondie au chapitre 7 mais voici déjà quelques adjectifs attributs (séparés du sujet par le verbe *être*).

• Quelques adjectifs de nationalités (ils prennent toujours une majuscule) :

France	Angleterre	Irlande	Allemagne	États-Unis	Italie	Espagne
France ['frãns]	**England** ['ingl^{eu}nd]	**Ireland** ['aï^{eu}l^{eu}nd]	**Germany** ['djeum^{eu}ni]	**The U.S.A** [DH^{eu} **iou** ès éï]	**Italy** ['it^{eu}li]	**Spain** ['spèïn]
French ['frènch]	**English** ['inglich]	**Irish** ['aïrich]	**German** L'djeum^{eu}n]	**American** [^{eu}'mèrik^{eu}n]	**Italian** [i'tali^{eu}n]	**Spanish** ['spanich]

• Quelques adjectifs pour exprimer les émotions :

happy ['Hapi]	sad ['sad]	angry ['angri]	ready ['rèdi]	fine ['faïn]	sick ['sik]	tired ['taï^{eu}d]	sorry ['sori]	good ['goud]
heureux	triste	en colère	prêt	bien (aller bien)	malade	fatigué	désolé	bon

10 Remettez les éléments dans l'ordre pour former une phrase pertinente et dites si la traduction proposée est correcte ou non (RIGHT ['raït] = vrai, WRONG ['rong]= faux)

1. ready / are / you

....

= tu es désolée [R] [W]

2. sick / cat / the / is

....

= le chat est malade [R] [W]

3. is / the / man / English

....

= le garçon est anglais [R] [W]

4. a / is / rabbit / it

....

= c'est un lapin [R] [W]

11 Trouvez les noms de pays et les adjectifs de nationalités dans la grille, puis placez-les au bon endroit dans le tableau

1. England	....
2.	German
3.	Irish
4. Spain	....
5. USA	....
6.	Italian

E	O	H	T	E	S	I	L	E	F	T	R
N	R	I	H	A	L	T	E	D	V	R	Y
G	E	O	I	T	A	L	Y	M	R	I	D
L	N	M	S	P	A	N	I	S	H	T	D
I	N	E	S	G	A	O	R	W	E	T	E
S	F	X	B	M	T	D	R	I	F	P	C
H	V	I	R	E	L	A	N	D	M	Y	A
A	M	E	R	I	C	A	N	Q	T	H	B
Y	G	S	N	W	E	H	E	Q	M	P	E
P	L	I	Z	M	R	K	E	O	N	O	Z
A	N	L	A	D	Y	N	U	O	E	S	C
H	C	R	E	F	B	S	J	I	B	C	E

12 Traduisez les phrases suivantes en donnant les formes pleines et contractées

1. C'est un parapluie. ....

2. Vous êtes américains. ....

3. La fille est irlandaise. ....

4. Le chien est triste. ....

5. Nous sommes fatigués. ....

6. Je suis allemande. ....

7. La femme est désolée. ....

La prononciation des lettres au sein des mots

Il existe une différence entre la façon dont les lettres se prononcent en elles-mêmes, individuellement, et celle dont elles vont se réaliser au sein d'un mot, ce que nous allons découvrir de chapitre en chapitre. Commençons par la voyelle **A**.

Elle se prononce :
- **[a]** devant une consonne (C) de fin de mot ou plusieurs C, si non suivie par un r (ex. : cat, rabbit)
- **[â]** devant un r seul en fin de mot ou devant r + C (ex. : car ['kâ^r], Mark ['mâk])
- **[èï]** devant une C suivie d'une voyelle (V) (ex. : vase ['vèïz], *vase*). Exception : are !
- **[ô]** devant un l (ex. : ball ['bôl], *balle*)
- **[^{eu}]** si seule en fin de mot (ex. : Keira ['kir^{eu}])

13 Entourez la bonne prononciation

	A	B	C
1. apple (*pomme*)	['èïp^{eu}l]	['ap^{eu}l]	['âp^{eu}l]
2. star (*étoile*)	['stâ^r]	['stèï^r]	['stô^r]
3. small (*petit*)	['smâl]	['smèïl]	['smôl]
4. umbrella	['ambrèl^{eu}]	['ambrèla]	['ambrèlâ]
5. table (*table*)	['tab^{eu}l]	['tèïb^{eu}l]	['tâb^{eu}l]

14 Placez les prononciations suivantes à côté des mots qui leur correspondent

['kèïk] – ['èm^{eu}] – ['fâm^{eur}] – ['dâk] – ['bag] – ['taksi] – ['kôl] – ['kap] – ['bèïk^{eu}n] – ['bèïbi]

1. bag	**3.** farmer	**5.** call	**7.** baby	**9.** cap ....
2. cake	**4.** bacon	**6.** taxi	**8.** dark	**10.** Emma ....

15 Placez chaque mot à côté de sa prononciation

fat (*gros*) / fate (*destin*)
plan (*projet*) / plane (*avion*)
lack (*manque*) / lake (*lac*)
mad (*fou*) / made (*fabriqué*)

Pour bien intégrer les différents sons d'une langue en cours d'apprentissage, il est utile de s'entraîner à prononcer ce qu'on appelle des *paires minimales*, c'est-à-dire des mots qui ne diffèrent que par un seul phonème (ex. en français : sel – sol). Commençons dès maintenant par la paire minimale [a] / [èï].

3.
a. ['mad] ....
b. ['mèïd] ....

2.
a. ['fat] ....
b. ['fèït] ....

1.
a. ['lak] ....
b. ['lèïk] ....

4.
a. ['plan] ....
b. ['plèïn] ....

Bravo, vous êtes venu à bout de ce chapitre ! Il est maintenant temps de comptabiliser les icônes et de reporter le résultat en page 128 pour l'évaluation finale.

Former ses premières phrases (2/2)

Situer un objet - Introduction aux nombres et à l'heure

Formes négative et interrogative de to be

- **Forme négative (FN)**
  Il suffit d'ajouter l'adverbe **not** [not] der-rière **to be**, à la forme pleine ou à la forme contractée (ex. : **I'm not, you are not, she's not, he is not, we're not**, etc.).
  Il existe aussi une forme contractée de la négation : ce n'est alors plus avec le sujet que **to be** se trouve contracté, mais avec la négation. Cette forme existe pour toutes les personnes sauf **I** : **you aren't** [ãt], **he / she / it isn't** [iz^{eu}nt], **we / you / they aren't**.

- **Forme interrogative (FI)**
  Il suffit d'inverser la forme affirmative (FA): **am I?, are you?, is / she / he / it? are we / you / they?**

- **À noter :** Lorsque l'on répond à une question par **oui** ou **non**, on complète cette réponse en répétant le pronom et l'auxiliaire (ex. : are you happy? Yes [iès], I am / No [n^{eu}-ou] I am not ou I'm not. Is it a bee? Yes, it is. No, it's not / it isn't). Inutile de répéter l'adjectif ou le nom en revanche. Notez que quand la réponse est **affirmative**, on ne peut pas employer la forme contractée.

1 Complétez les équivalences de formes contractées suivantes

1. She .... = she's not

2. We aren't = we ....

2 Remettez les mots dans l'ordre pour former une phrase correcte

1. Spanish / ? / man / is / the
....

2. not / girl /ready / is / the
....

3 Mettez à la forme interrogative puis à la forme négative

1. Jennifer's ['djènif^{eu}z] tired
....
/ ....

2. Simon's Irish.
....
/ ....

3. You're sick.
....
/ ....

4 Répondez aux questions suivantes et précisez si besoin, comme dans l'exemple

ex. : Is it a rabbit ?   Yes, it is.   No, it's not / it isn't. It's a dog.

1. Is it a dog?

....

2. Is it a woman?

....

3. Are they sad?

....

4. Is Laura ['lor^eu] angry?

....

5 Posez la question et répondez-y

1. (Paul – Italian)

.... ?

2. (Helena ['Hèlèn^eu] – happy)

.... ?

3. (apple)

.... ?

4. (boy)

.... ?

Le lieu

- **Le pronom interrogatif where** [ouè-^eur] signifie *où*. On l'utilise en début de phrase dans la structure suivante : **where + to be conjugué + sujet** (ex. : where's [ouè-^eur iz] the bed? where are [ouè-^eur âr] the beds* [bèdz]? Réponse : it's in the bedroom / they're in the bedroom).

* Sachez juste pour l'heure que le pluriel se forme en général en ajoutant un S au nom.

- **Prépositions de lieu statiques : in** [in] (*dans*), **on** [on] (*sur, dessus*), **between** [bi'touin] (*entre*), **under** ['eund^eur] (*en dessous*), **next to** ['nèkstou] (*à côté de*), **above** [^eu'bov] (*au-dessus de*), **behind** [bi'Haïnd] (*derrière*). Elles sont suivies d'un nom.

The house

The house ['Ha-ous] (*la maison*)

Kitchen ['kitch^{eu}n] (*cuisine*)	Bathroom ['bâTHroum] (*salle de bains*)	Bedroom ['bèdroum] (*chambre*)	Living-room ['living roum] (*salon*)	Other ['euDH^{eur}] (*autre*)
chair ['tchè-^{eur}] (*chaise*)	**bath** ['bâTH] (*baignoire*)	**bed** ['bèd] (*lit*)	**armchair** ['âmtchè-^{eur}] (*fauteuil*)	**box** ['boks] (*boîte*)
fridge ['fridj] (*réfrigérateur*)	**shower** ['cha-ou-^{eur}] (*douche*)	**bedside table** [bèdsaïd 'tèïb^{eu}l] (*chevet*)	**sofa** ['s^{eu}-ouf^{eu}] (*canapé*)	**carpet** ['kâpit] (*tapis*)
stove ['st^{eu}-ouv] (*gazinière*)	**soap** ['s^{eu}-oup] (*savon*)	**lamp** ['lamp] (*lampe*)	**television** ['tèl^{eu}vij^{eu}n] (*télévision*)	**door** ['d^ô^r] (*porte*)
table ['tèïb^{eu}l] (*table*)	**towel** ['ta-ou-^{eu}l] (*serviette*)	**wardrobe** ['ouôdr^{eu}-oub] (*armoire*)		

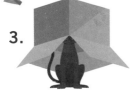

6 **Where's the cat?** [ouè-^{eu}z DH^{eu} 'kat?]
Entourez la bonne préposition

1. it's on / next to / behind / in / under the box

2. it's on / next to / behind / in / under the box

3. it's on / next to / behind / in / under the box

4. it's on / next to / behind / in / under the box

5. it's on / next to / behind / in / under the box

7 Étiquetez les pièces suivantes. Puis remettez les lettres dans l'ordre et placez les objets obtenus dans la pièce qui leur correspond

bathroom **bedroom** **living-room** **kitchen**

	1.	2.	3.	4.
pièce				
meubles				

AIMRCHRA DIRFGE EWDORABR EWOLT POAS EVTOS

8 Demandez où sont les objets ou animaux représentés sur les illustrations et complétez les réponses

1. .... ?
They're .... the ....

2. .... ?
Hc's .... the ....

3. .... ?
They're .... the ....

4. .... ?
It's .... the ....

9 Répondez aux questions suivantes en précisant si nécessaire

1. Is the woman in the bathroom? ....

2. Is Marcus ['mâk^{eu}s] in the kitchen? ....

3. Is the cat above the fridge? ....

4. Is the girl between the wardrobe and the fridge? ....

....

Les nombres cardinaux 1-12

1 **one** ['oueun]

2 **two** ['tou]

3 **three** ['THri]

4 **four** ['fô']

5 **five** ['faïv]

6 **six** ['siks]

7 **seven** ['sèv^{eu}n]

8 **eight** ['èït]

9 **nine** ['naïn]

10 **ten** ['tèn]

11 **eleven** [i'lèv^{eu}n]

12 **twelve** ['touèlv]

10 Complétez le tableau suivant

Lettres	Chiffres
	1
ten	
	4
eleven	
	8
two	
	12
	6

11 Complétez la suite suivante

– one

– three

– ....

– ....

– ....

– ....

12 Complétez les bulles suivantes pour interroger sur la quantité et répondez-y

• Pour dire **il y a + nom**, on utilise la structure **there is + noms singuliers** [DHè-^{eur} iz] (ou there's [DHè-^{eu}z]) et **there are + noms pluriels** [DHè-^{eur} âr].

• Pour demander **y a t-il ... ?**, on dira : **is there a + nom sing. ?** ou **are there + nom plur. ?** Réponses : **Yes, there is / are – No, there is not ou isn't / are not ou aren't** (reprise du nom inutile).

• Pour interroger sur la quantité, on utilise la structure **how many** [Ha-ou mèni] **+ nom plur. + are there?** Réponse : **there is / are one**... (+ nom, optionnel).

1. « how

.... ? »

« ....

two (chairs) »

13 Complétez les espaces pour savoir s'il y a...

1. .... on the sofa? Yes, there is.

2. Are there two carpets on the table? ......

....

2. « how

....

there on the towel ? »

« .... »

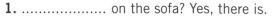

14 **Traduisez les phrases suivantes** ●●

1. La salle de bains est entre la chambre et la cuisine ……………………………………

……………………………………………………………………………………………………

2. Le tapis est à côté du lit …………………………………………………………………

……………………………………………………………………………………………………

Introduction à l'heure

Pour demander l'heure on utilise la structure : **what time is it?** [wot 'taïm iz it ?] = *quelle heure est-il?*

• pour les heures pleines, on répond : **it's one, two…… twelve o'clock*** [ᵉᵘ'klok] (*« clock » signifie horloge. Dans la conversation courante, quand le contexte indique clairement que l'on parle de l'heure, on l'omet souvent).

• pour les heures non pleines, contrairement au français, on donne d'abord les minutes, puis l'heure. On utilise **to** pour exprimer les minutes avant l'heure (ex. : **it's five to** [tᵉᵘ] **four** = *il est 3 h 55*) et past [pâst] pour exprimer les minutes après l'heure (ex. : **it's twelve past four** = *il est 4 h 12*).

• le quart d'heure : **a quarter** ['kouöᵗᵉᵘʳ] (ex. it's a quarter to / past five = *il est 4 h 45 / 5 h 15*).

• la demi-heure, utilisée seulement avec past : **half** ['Hâf] (ex. it's half past eight = *il est 8 h 30*).

• *midi :* **midday** [mid'dèï] *minuit :* **midnight** [mid'naït].

• on donne parfois les précisions **a.m.** [éï èm] pour les heures de minuit à midi et **p.m.** [pi èm] pour les heures *entre midi et minuit*. Notez que l'on ne mentionne pas *o'clock* lorsque l'on précise a.m. ou p.m. En revanche, on peut tout à fait dire 8 in the morning / afternoon (du matin / de l'après-midi).

15 **What time is it? Écrivez la réponse en toutes lettres (en indiquant a.m. ou p.m. entre parenthèses)** ●●

1. 16 h

………………………………

2. 7 h 30

………………………………

3. 10 h 45

………………………………

4. 5 h 15

………………………………

5. 22 h

………………………………

6. 21 h 50

………………………………

7. 2 h 58

………………………………

8. 8 h

………………………………

16 **Indiquez l'heure sur les réveils suivants** ●●

1.  it's half past eleven

2.  it's ten to twelve

3. it's a quarter past seven

4. it's twelve past four

PROGRAMME TV
9h Football game
13h News
21h Film

17 Entourez le bon indicateur

1. The film is at nine **a.m. - p.m.**

2. The football game is at nine **a.m. - p.m.**

Moments de la journée et salutations

Banque de mots
morning ['môning] (matin)
→ **good** ['goud] **morning**
(bonjour, le matin)
afternoon ['aft^{eu}noun]
(l'après-midi)

→ **good afternoon**
(bonjour, l'après-midi)
evening ['ivning] (soir)
→ **good evening** (bonsoir)
night ['naït] (nuit)
→ **good night**
(bonne nuit)

meals ['milz] (les repas)
breakfast ['brèkf^{eu}st]
(petit déjeuner)
lunch ['leuntch] (déjeuner)
snack ['snak] (en cas)
dinner ['din^{eur}] (dîner)

18 Pour chaque heure, entourez la salutation qui convient, ainsi que le nom du repas qui lui correspond (essayez d'abord de mémoriser la banque de mots !)

1. Good night – morning – afternoon – evening.
It's time for a snack – dinner – lunch – breakfast

2.  Good night – morning – afternoon – evening.
It's time for a snack – dinner – lunch – breakfast

3.  Good night – morning – afternoon – evening.
It's time for a snack – dinner – lunch – breakfast

4. Good night – morning –
afternoon – evening.
It's time for a snack –
dinner – lunch –
breakfast

Prononciation du E

Il se prononce :

- **a.** [è] devant une C (consonne) (ex. : yes [iès])

- **b.** souvent [i] devant C+V (voyelle) (ex. : evening ['ivning]), bien qu'il existe quelques exceptions

- **c.** [eu] quand suivi d'une C en fin de mot (ex. : kitchen ['kitch^{eu}n])

- **d.** à quelques rares exceptions près, toujours [Ø] (muet) en fin de mot (ex. : stove ['st^{eu}-ouv])

19 Retrouvez deux exceptions courantes à la règle b

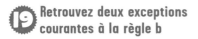

sphere   there
sincere   obese
Chinese   where

20 Donnez la prononciation des mots ci-dessous et entraînez-vous à prononcer les paires minimales [a] / [è] suivantes

1. 'bat (*chauve-souris*) [..........................] / 'bet (*pari*) [.......................................]

2. 'bad (*mauvais*) [................................] / 'bed (*lit*) [...]

3. 'tan (*bronzage*) [................................] / 'ten (*dix*) [.......................................]

4. 'pan (*poêle*) [....................................] / 'pen (*stylo*) [....................................]

21 Placez les prononciations à côté des bons mots et entraînez-vous à prononcer les paires [ëï] / [è] suivantes

1. paper (*papier*) ....   ['gèt]

／pepper (*poivre*) ....   ['pèÿp^{cur}]

2. tale (*conte*) ....   ['lèït]

／tell (*dire*) ....   ['tèl]

3. gate (*grille*) ....   ['pèp^{eur}]

／gct (*obtenir*) ....   ['tèïl]

4. late (*tard*) ....   ['gèït]

／let (*laisser*)..   ['lèt]

22 Dans quel mot le E ne se prononce pas...

1. .... [i] ? 'gene, 'carpet, 'ten

2. .... [è] ? 'pen, 'bed, be'hind

3. .... [è] ? 'egg, 'desk, 'brother

4. .... [^{eu}] ? 'shower, 'fine, 'kitchen

5. .... [Ø] ? 'five, 'fridge, be'hind

Bravo, vous êtes venu à bout de ce chapitre ! Il est maintenant temps de comptabiliser les icônes et de reporter le résultat en page 128 pour l'évaluation finale.

Se présenter et présenter une personne ou un objet

- Hello / Hi[1], my name is / 's...
  [H^{eu}'l^{eu}-ou/Haï, maï 'nèïm iz/'nèïmz]
  → *Bonjour, je m'appelle...*

  1. salutation informelle

- What's your name?
  [ouots iou^{eu} 'nèïm]
  → *Comment vous appelez-vous / t'appelles-tu ?*

- Last name
  [lâst 'nèïm]
  → *nom de famille*

- First name
  [feust 'nèïm]
  → *prénom*

❶ Posez la question qui permet d'obtenir cette réponse et complétez la carte d'identité

– ....

– Hello, my name's Robert Summer

First name :
....
Last name :
....

❷ Traduisez la phrase suivante, puis épelez le nom de famille comme vous le feriez à l'oral

Je m'appelle Paul Spencer.

....

[   ] [   ] [   ] [   ] [   ] [   ] [   ]

Faites de même avec vos propres noms et prénoms

....

[   ] [   ] [   ] [   ] [   ] [   ] [   ]

Demander comment ça va

- Hello, how are you? [H^{eu}'l^{eu}-ou, 'Ha-ou â iou] = *Bonjour, comment vas-tu / allez-vous ?*

- Réponse courante : I'm fine, thanks, and you? [aïm 'faïn, 'THanks, and iou] *Je vais bien, merci, et toi / vous ?*

- Autres adjectifs : great ['grèït] (*super*), very well ['vèri 'ouèl] (*très bien*), all right [ôl 'raït] (*ça va*), so-so [s^{eu}-ou s^{eu}-ou] (*moyen*), not well [not 'ouèl] (*pas bien*), terrible ['tèr^{eu}b^{eu}l] (*très mal*)

Trouvez les adjectifs de la page précédente dans la grille et classez-les dans le bon ordre

B	W	A	C	H	I	L	D	I	N
A	I	T	F	N	O	T	S	N	I
B	F	G	I	R	L	B	O	Y	E
Y	E	S	N	B	E	E	S	B	F
O	G	R	E	A	T	C	O	V	I
A	T	E	R	R	I	B	L	E	W

Je vais bien → **Je ne vais pas bien**

→ ....

→ ....

→ ....

→ ....

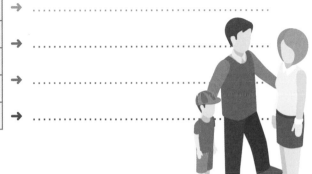

Les pronoms démonstratifs

Fonctionnement

- this [DHis] (pluriel : these [DHiz]). S'applique à une personne/chose proche.

- that [DHat] (pluriel : those [DHᵉᵘ-ouz]). S'applique à une personne/chose éloignée ou évoquée en second lieu (ex. : this is a dog and those are rabbits[1]).

Utilisations

- pour désigner quelque chose ou quelqu'un (ex. : this man is John = *cet homme est John* ; this dog is sick = *ce chien est malade*).

- pour présenter quelque chose ou quelqu'un (ex. : this is a rabbit = *voici / c'est un lapin* ; this is John = *voici / c'est John*).

À la forme interrogative

- pour poser une question sur la nature de quelque chose :

Qu'est-ce que c'est ? = what is this / that? au singulier et what are these / those? au pluriel.

- pour interroger sur l'identité de quelqu'un :
Qui est-ce ? = Who's this? [Houz DHis]
Qui est-elle / il ? = Who's she/he?
Qui sont-ils ? = Who are they?

Banque de mots

sister ['sistᵉᵘʳ] (*sœur*)

brother ['breuDHᵉᵘʳ] (*frère*)

mother ['meuDHᵉᵘʳ] (*mère*)

father ['fâDHᵉᵘʳ] (*père*)

wife ['ouaïf] (*épouse*)

husband ['Heuzbᵉᵘnd] (*mari*)

boyfriend ['boïfrènd] (*petit ami*)

girlfriend ['geulfrènd] (*petite amie*)

son ['seun] (*fils*)

daughter ['dôtᵉᵘʳ] (*fille, descendante*)

friend ['frènd] (*ami*)

neighbour ['nèïbᵉᵘʳ] (*voisin*)

single ['singᵉᵘl] (*célibataire*)

married ['marid] (*marié*)

teenager [ti'nèïdjᵉᵘʳ] (*adolescent*)

children ['tchildrᵉᵘn] (*enfants*)[2]

baby ['bèïbi] (*bébé*)

bag ['bag] (*sac*)

belt ['bèlt] (*ceinture*)

cap ['kap] (*casquette*)

hat ['Hat] (*chapeau*)

scarf ['skâf] (*écharpe*)

tie ['taï] (*cravate*)

rucksack ['reuksak] (*sac à dos*)

watch ['ouotch] (*montre*)

here ['Hi-ᵉᵘʳ] (*ici*)

there ['DHè-ᵉᵘʳ] (*là-bas*)

[1] Notez que le pluriel indéfini n'est précédé d'aucun article.
[2] pluriel irrégulier

4 Complétez le tableau suivant ••

singulier	1. This is a hat.	2.	3.	4. That is a bag.
pluriel	....	Those are belts ['bèlts].	These are caps ['kaps].	....

5 Complétez les phrases par les démonstratifs qui correspondent et entourez la bonne conjugaison ••

1.
.... *are – is* umbrellas

3. .... *are – is* ties

2. .... *is – are* a scarf

4. ...... *are – is* a watch

6 Complétez le tableau suivant en répondant à la question et en apportant les éventuelles précisions nécessaires ••

1.	Is this a scarf?	....
2.	Is this a hat?	....
3.	Are these belts?	....
4.	Is this a bag?	....
5.	Is this a cap?	....
6.	Is this a rucksack?	....

7 Posez les questions qui permettent d'obtenir les réponses suivantes

1. .... ? this is a watch.

2. .... ? these are hats.

3. .... ? those are cats.

4. .... ? that is an umbrella.

8 Trouvez la traduction des mots suivants dans ces lignes de mots collés

Finemothertiredsadhusbandbehindrabbitbrothersoapangryunderwifeneighbourbetweenthreesister

1. voisin : .... 2. épouse : .... 3. frère : ....

4. mari : .... 5. sœur : .... 6. mère : ....

husbandboyfriendbrotherbabyscarfdaughtersinglechildrenfathersistersonmarriedfriendmotherhat

7. fille : .... 8. fils : .... 9. ami : ....

10. père : .... 11. petit ami : ....

9 Complétez la bulle de Max, qui nous présente sa famille, et répondez aux questions

Paul + Gemma

John   Max   Sean

« Hi, I'm Max ['maks].
.... my* father, Paul,
.... my mother, Gemma
['djèm^{eu}] and
.......................my two brothers,
John and Sean ['chon]. »

a. Is Sean a teenager? ....

b. Is John a teenager? ....

* marque du possessif :
mon, ma, mes, la suite
au chapitre 4 !

23

10 Complétez la bulle suivante à l'aide de l'arbre généalogique de Lucy

« Hello, I'm Lucy ['lousi].
This is my .... ,
        William ['ouili^eum].
These are my .... :
Ellen ['èl^eun], my ....
and Adam ['ad^eum], my ....»

William   +   Lucy

Adam   Ellen

11 Traduisez le dialogue suivant

W - Bonjour, je m'appelle William, tu t'appelles comment ?

....

O - Bonjour, je m'appelle Ophelia [o'fili^eu].

....

W - Comment vas-tu ?

....

O - Je vais très bien, merci. Et toi ?

....

W - Je vais bien, merci.

....

O - Es-tu marié ?

....

W - Non, je suis célibataire.

....

O - Qui est-ce ?

....

W - Oh, c'est ma sœur, Juliet ['djouli^eut].

....

Prononciation du I

Il se prononce :
- [i] devant une C (ex. : this [DHis])
- [aï] devant C+V (ex. : five ['faïv]) et devant la graphie ght (ex. : night ['naït], *nuit*)
- [eu] devant r + C (ex. : girl ['geul])

12 Reliez les mots suivants à la bonne prononciation et entraînez-vous à prononcer ces paires minimales [aï]/[i] : fine-fin, wine-win, kite-kit, site-sit

1. fine •　　　• **a.** ['ouaïn]
2. Win (*gagner*) •　　　• **b.** ['faïn]
3. Fin (*nageoire*) •　　　• **c.** ['fin]
4. Wine (*vin*) •　　　• **d.** ['ouin]

13 Classez ces mots dans le tableau en fonction de la prononciation de leur i

right　　time　　fine　　wife　　in

tie　　is　　sick　　kitchen　　shirt (chemise)

China　　rabbit　　tired　　Ireland

bird (oiseau)　　morning　　behind　　fridge

thirsty (assoiffé)　　sister

[i]	[aï]	[eu]

Bravo, vous êtes venu à bout de ce chapitre ! Il est maintenant temps de comptabiliser les icônes et de reporter le résultat en page 128 pour l'évaluation finale.

4

Indiquer la possession

Formation

- Dans la forme génitive (possessive) de l'anglais, c'est le possesseur qui est mis en avant (et non l'objet possédé, comme en français) : **possesseur + 's + « chose possédée »** (ex. : **Tom's friend** = *l'ami de Tom*). Cela est valable même quand le nom finit par un **s** (ex. : **Marcus's dog** ['mâk^{eu}siz 'dog]. Notez qu'on ne met pas **the** pour traduire **le** !). Pour les possesseurs pluriels se terminant par un **s**, on ajoute juste une apostrophe (ex. : **the neighbours' dog** = *le chien des voisins*).

- **À noter :** quand il existe plusieurs possesseurs pour un seul « objet » (en commun), seul le second prend la marque du possessif (ex. : **Anna and John's cat** = *le chat d'Anna et John*).

Banque de mots

bone ['b^{eu}-oun] (*os*)

boots ['bouts] (*bottes*)

car ['kâ^r] (*voiture*)

clothes ['kl^{eu}-ouTHz] (*vêtements*)

coat ['k^{eu}-out] (*manteau*)

dress ['drès] (*robe*)

parents ['pèr^{eu}ns] (*parents*)

pullover ['poul^{eu}-ouv^{eur}] (*pull*)

shirt ['cheut] (*chemise*)

shoes ['chouz] (*chaussures*)

socks ['soks] (*chaussettes*)

skirt ['skeut] (*jupe*)

suit ['sout] (*costume*)

sunglasses ['seunglasiz] (*lunettes de soleil*)

T-shirt ['ticheut] (*T-shirt*)

tracksuit ['traksout] (*survêtement*)

trainers ['trèïn^{eu}z] (*baskets*)

1 Indiquez les liens de parenté à l'aide de l'arbre généalogique ci-dessous

1. Suzie .... Charles and Emma ....

2. Emma .... Charles ....

3. Charles.................... Emma ....

4. Adam .... Suzie ....

5. Adam .... Charles and Emma ....

6. Suzie .... Adam ....

7. Adam and Suzie .... Charles and Emma ....

8. Charles and Emma .... Adam and Suzie ....

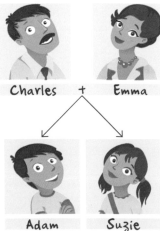

Charles + Emma

Adam   Suzie

Complétez par 'S ou '

1. This is Keira, Tom .... girlfriend.

2. My sisters neighbours are English.

3. James .... mother is Irish.

4. ['i^{eu}n] Ian ... sister is my friend.

Les adjectifs possessifs (invariables)

my [maï]	your [iou^{eur}]	his [Hiz] ♂,
mon / ma / mes	ton / ta / tes	her [Heu^r] ♀, its
		[its] son / sa / ses
our [a-ou^{eur}]	your [iou^{eur}]	their [DHè ^{eur}]
notre / nos	votre / vos	leur(s)

Les pronoms possessifs (invariables)

mine [maïn]	yours [iou^{eu}z]	his [Hiz] ♂,
le(s) mien(s) /	le(s) tien(s) /	hers [Heuz] ♀,
la mienne	la tienne	le(s) sien(s) /
		la sienne
ours [a-ou^{eu}z]	yours [iou^{eu}z]	theirs [DHè-^{eu}z]
le(s) nôtre(s) /	le(s) vôtre(s) /	le(s) leur(s) /
la nôtre	la vôtre	la leur

 **Complétez les espaces à l'aide de THEIR, THERE, THEY'RE, THERE'S ou THEIRS**

1. .... a suit on the sofa.

2. .... father is German.

3. These are my sister's boots, ... elegant.

4. .... are socks in the wardrobe.

5. He's not my friend. He's ....

INDIQUER LA POSSESSION

4 À votre avis, comment demande-t-on un numéro de téléphone / une adresse e-mail ? **Entourez la bonne réponse**

1. Who is your phone number ['f^{eu}-oun neumb^{eur}] / e-mail address*?

2. What is your phone number / e-mail address ['**i**mèïl ^{eu}'drès]?

* Eh oui, deux d et deux s ! À mémoriser !

5 Complétez les bulles suivantes pour demander les numéros de téléphone ou les adresses e-mail, et répondez-y

Pour donner un numéro de téléphone, on énumère les chiffres un par un (ex. : six, neuf et non soixante-neuf). Quand un numéro est composé d'un chiffre double, on utilise le mot *double* ['deub^{eu}l] (ex. : 22 = double two). Enfin, dans ce contexte, le zéro se dit O [^{eu}-ou] et non zero ['zir^{eu}-ou]. Pour les adresses e-mail, @ se dit at [at]. Pour les noms de domaines :
- Royaume-Uni : .co.uk = [dot k^{eu}-ou dot iou kèï]
- USA et international : .com = [dot kom]

1. « Quel est ton numéro de téléphone ? »
....
....

« [^{eu}-ou faïv **tou** sèv^{eu}n siks faïv naïn èït 'deub^{eu}l THri] »
....
....

2. « Quel est son numéro de téléphone (à elle) ? » :
....
....

« 07 89 64 23 15 »
....
....

3. « Quelle est ton adresse e-mail ? » :
....
....

« HappyAntony@ gmail.com »
....
....

4. « Quelle est son adresse e-mail (à lui) ? » :
....
....

« saïm^{eu}n touèlv at èï ^{eu}-ou èl dot k^{eu}-ou dot **iou** kèï]
....
....

6 Complétez la grille

horizontalement

3. costume

5. lunettes de soleil

6. bottes

8. jupe

9. chemise

11. manteau

verticalement

1. baskets

2. chaussettes

4. survêtement

12. chaussures

7. robe

10. casquette

1.
T
R
N
E

2.
S
O
K

4.
R
C
K
I

3. S U _ _

12.
5. S U _ G L _ S E _

6. B _ O _ S

8. S _ _ _ R T

7.

9. S H _ _ T

10.
11. _ O A _
A

7 Complétez à l'aide des adjectifs et des pronoms possessifs qui conviennent

1. It's not (you) .... coat, it's (Keira) ....

2. It's not (Keira) .... dress , it's (me) ....

3. It's not (me) .... shirt, it's (you) ....

8 **Exprimez la possession, comme dans l'exemple**

ex : Sarah – robe → it's Sarah's dress, it's her dress, it's hers

1. Harry – survêtement

→ ....

2. Oliver + Robert – lunettes de soleil

→ ....

> Pour interroger sur l'identité d'un possesseur, on utilise l'interrogatif whose [Houz] : whose + nom (sans article) + to be conjugué + sujet (ex. : whose car is it? = *à qui est cette voiture ?*). Selon le contexte, on répondra en utilisant soit :
> • nom/prénom + 's (ex. : it's Sarah's (car))
> • adjectif possessif + nom (ex. : it's her car)
> • pronom possessif (ex. : it's hers)

9 **Complétez les phrases en formulant la question ou la réponse qui correspond à l'illustration**

1. .... ? It's Jenny's ['djèniz]

2. .... ? They're Gribouille's.

3. .... ? It's Gerald's ['djère^{eu}ldz].

4. .... ? It's Gribouille's.

5. Is this Gerald's cap? ....

6. Whose T-shirt is this? ....

7. Is this Gribouille's coat? ....

Prononciation du O

Il se prononce :
- [o] devant une C (ex. : not)
- [eu-ou] lorsqu'il se trouve seul en fin de mot (ex. : hello), parfois devant C + V (ex. : bone), mais pas toujours (ex. : love ['leuv])
- [ô] quand il précède un r ou r + C (ex. : port ['pôt])
- parfois [eu] (ex. : mother), vous en apprendrez quelques-uns dans les exercices suivants et dans la suite du cahier.

Banque de mots

bored (*qui s'ennuie*)
cold (*froid*)
cork (*bouchon*)
corn (*maïs*)
elbow (*coude*)
florist (*fleuriste*)
glove (*gant*)
go (*aller*)
grocer (*épicier*)
hero (*héros*)
hot (*chaud*)
love (*amour*)
pork (*porc*)

10 RIGHT OR WRONG? Entourez la bonne réponse. Le O se prononce de la même façon dans

1. corn et hot .... R W
2. Hello et hero .... R W
3. bored et cork .... R W
4. dog et sock .... R W
5. love et cold .... R W
6. mother et brother.. R W
7. wardrobe et florist R W
8. grocer et pork ...... R W

11 Entourez le bon terme pour que le O se prononce de la même façon dans tous les mots d'une même ligne

1. port, thorn, corn   **zero - norm**

2. Hello, judo   **euro - not**

3. mother, brother, glove   **love - port**

4. not, hot, sock   **son - so**

5. wardrobe, go, zero **pullover - brother**

Bravo, vous êtes venu à bout de ce chapitre ! Il est maintenant temps de comptabiliser les icônes et de reporter le résultat en page 128 pour l'évaluation finale.

5

Décrire et parler d'une action en déroulement ou ponctuelle (non habituelle)

Pour parler d'une action en train de se dérouler ou ponctuelle (non habituelle), on utilise un temps appelé présent ING.

Formation

FA (Forme affirmative)	to be* conjugué + base verbale (BV = infinitif sans *to*) + ing (ex. : to go → I'm going, you're going, she / he / it's going, you / we / they're going ['g^{eu}-ouing]). Si le verbe finit par un e, celui-ci saute (ex. : write → writing). Quand un verbe finit par V + C, on double la C (ex. : run → running).
FI (Forme interrogative)	On inverse to be et le sujet : am I going? are you going? is she / he / it going? are you / we / they going? Pour répondre, on ne dit pas juste yes ou no, mais on reprend aussi le sujet et l'auxiliaire to be (ex. : are you going? Yes, I am - No I'm not / Is he going? Yes, he is. No, he's not ou no, he isn't). Notez que quand la réponse est affirmative, on ne peut pas employer la forme contractée.
FN (Forme négative)	On ajoute la négation not entre to be et le verbe : (ex. : I am / I'm not going - you are / you're not going, she / he / it is not / isn't going - we / you / they are not / aren't going).

*to be fonctionne ici comme un auxiliaire

Banque de mots
book ['bouk] (*livre*)
bus ['beus] (*bus*)
cake ['kèïk] (*gâteau*)
film ['film] (*film*)
glass ['glas] (*verre*)
letter ['lèt^{eur}] (*lettre*)
song ['song] (*chanson*)
to be hungry ['Heungri] (*avoir faim*)
to be late ['lèït] (*être en retard*)

to be thirsty ['THeusti] (*avoir soif*)
to come ['keum] (*venir*)
to cry ['kraï] (*pleurer*)
to drink ['drink] (*boire*)
to drive ['draïv] (*conduire*)
to eat ['it] (*manger*)
to go ['g^{eu}-ou] (*aller*)
to make ['mèïk] (*faire, fabriquer*)
to play ['plèï] (*jouer*)
to read ['rid] (*lire*)
to run ['reun] (*courir*)

to sing ['sing] (*chanter*)
to sleep ['slip] (*dormir*)
to swim ['souim] (*nager*)
to wait ['ouèït] (*attendre*)
to walk ['ouôk] (*marcher*)
to wear ['ouè$^{-eur}$] (*porter*)
to write ['raït] (*écrire*)
to watch ['ouotch] (*regarder*)
water ['ouôt^{eur}] (*eau*)

1 De 1 à 5, dites dans quelles cases se trouvent les termes demandés (en précisant la prononciation des lettres et chiffres entre crochets) et faites l'inverse de 6 à 10

	R	S	T	U	V
7					
8					
9					

1. **write** is in .... [..............]   6. .... is in R9 [â 'naïn]

2. **read** is in .... [..............]   7. .... is in R7 [â 'sèv^{eu}n]

3. **sleep** is in .... [..............]   8. .... is in R8 [âr 'èït]

4. **swim** is in .... [..............]   9. .... is in U9 [iou 'naïn]

5. **book** is in .... [..............]   10. .... is in T7 [ti 'sèv^{eu}n]

2 Complétez le tableau suivant en posant la question ou en y répondant

1.	Is he waiting for the bus?	....
2.	....?	Yes, they are.
3.	Is she eating?	....
4.	....?	Yes, they are.

3 Conjuguez les verbes entre parenthèses au présent ING et complétez avec le complément qui correspond le mieux

1. Jacob ['djèïkᵉᵘb] **(drink)** ....

2. Olivia [o'liviᵉᵘ] and Jordan ['djôdᵉᵘn] **(make)** ....

3. Violet ['vaïᵉᵘlᵉᵘt] **(read)** ....

4. Luke ['louk] **(sleep)** ....

5. I **(write)** ....

6. Alice ['alis] and Clara ['klarᵉᵘ] **(watch)** ....

a cake

a book a film a letter on the sofa a glass of water

• Si la phrase contient un interrogatif comme who, what, where, on le met en début de phrase (ex. : who is running? *Qui est en train de courir ?* where is he going? *Où va t-il ?* what is he doing? *Que fait-il ?*).

• En voici d'ailleurs un nouveau : why [ouaï], qui signifie *pourquoi* (why is / are + sujet + verbe ing = pourquoi est / sont-il(s) en train de... ?). On y répond avec une phrase commençant par because ['bikoz], qui signifie *parce que, car.* (ex. : why is she singing? *She's singing because she's happy*).

4 À l'aide des illustrations, posez les questions qui permettent d'obtenir les réponses suivantes

1. ....? Jane is.

2. ....? John is.

3. ....? Julia and Heather ['HèDHᵉᵘʳ] are.

4. ....? Harry ['Hari] and Steve ['stiv] are.

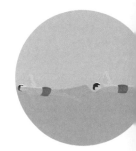

5 Complétez les espaces en rédigeant les questions et les réponses, puis entourez le bon adjectif, comme dans l'exemple Ex. : why - her father - sing? → why is her father singing? Réponse : he's singing because he's tired - sorry - (happy)

1. why - Simon - cry? .... ?
.... *sad – happy – ready*

2. why - your sister - eat? .... ?
.... *thirsty – hungry – tired*

3. why - his mother - sleep? .... ?
.... *happy – late – tired*

4. why - Sean - wear a kilt? .... ?
.... *cold – late – Scottish**

5. why - you - run? .... ?
.... *sad – late – tired*

6. why - Charles - drink - a glass of water? .... ?
.... *late – thirsty – sad*

* Écossais

- On utilise aussi le génitif ('s) devant certains noms d'endroits (médecins, commerçants...) car on sous-entend *au cabinet du* médecin, *au magasin du* fleuriste, etc.
- C'est le cas de tous les commerces donnés dans la liste ci-contre, à part supermarket.
- On l'utilise aussi pour dire *chez quelqu'un* (ex. : Peter's = *chez Peter*).

Banque de mots
baker ['bëïk^{eur}] (*boulanger*)
butcher ['boutch^{eur}] (*boucher*)
chemist ['kèmist] (*pharmacien*)
cinema ['sin^{eu}m^{eu}] (*cinéma*)
doctor ['dokt^{eur}] (*médecin*)
fishmonger ['fichmeung^{eur}] (*poissonnier*)
florist ['florist] (*fleuriste*)
grocer ['gr^{eu}-ous^{eur}] (*épicerie*)
hairdresser ['Hè-^{eu}drès^{eur}] (*coiffeur*)

post office ['p^{eu}-oust 'ofis] (*poste*)
restaurant ['rèstr^{eu}nt] (*restaurant*)
school ['skoul] (*école*)
station ['stèïch^{eu}n] (*gare*)
supermarket ['soup^{eu}mâk^{eu}t] (*supermarché*)
swimming pool ['souiming poul] (*piscine*)
zoo ['zou] (*zoo*)

6 Où pouvez-vous trouver ces produits ?

1. fish ['fich] ?
the ....

2. flowers ['fla-ou^{eu}z] ?
the ....

3. meat ['mit] ?

the ....

4. bread ['brèd] ?
the ....

5. tablets ['tèïbl^{eu}ts] ?
the ....

- On utilise la préposition at lorsque l'on se situe à un endroit sans être en mouvement (ex. : I'm at the butcher's = *je suis chez le boucher*).

- Pour parler des déplacements, on utilise le verbe to go avec la préposition to [tᵉᵘ] quand on y va (ex. : I'm going to the butcher's = *je vais chez le boucher*), et to come avec la préposition from [frᵉᵘm] quand on en revient (ex. : I'm coming from the butcher's = *je viens de chez le boucher*).

- Pour demander où quelqu'un va : where + to be conjugué + sujet + going (ex. : where are you going? = *où vas-tu ?*).

- Pour demander d'où quelqu'un (re)vient : where + to be conjugué + sujet + coming from (ex. : where is she coming from? = *d'où (re)vient-elle ?*).

7 Où vont-ils ? Posez la question à l'aide des illustrations et répondez-y

	Question	Réponse
1.	.... ?	....
2.	.... ?	....
3.	.... ?	....
4.	.... ?	....
5.	.... ?	....
6.	.... ?	....

8 Remettez les mots dans l'ordre pour traduire les phrases suivantes. Puis, entourez les 'S marquant un possessif et soulignez les 'S correspondant à TO BE

1. Non, il n'est pas chez le fleuriste, il est chez Anna.

Anna / 's / at / the / no / he / 's / not / florist / 's / he / 's / at

→ ....

2. Non, elle ne va pas chez le boucher, elle va à la boulangerie.

the / no / she / 's / not / 's / she / going / to / baker / 's / going / the / butcher / to / 's

→ ....

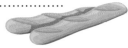

9 Dites où chaque personnage est, où il va, ou d'où il vient en utilisant la bonne préposition (AT, TO OU FROM)

1.

....

2.

....

3.

....

10 Traduisez le dialogue suivant

- Qui est cette femme ? ....

- C'est la mère de Paul ....

- Que fait-elle ? ....

- Elle est en train de chanter une chanson irlandaise ....

Prononciation des sons composés de 2 lettres

Graphies AI, AY

• ay se prononce [èï] (ex. : day [dèï])

• ai se prononce en général [èï] (ex. : sailor ['sèïl^eur], marin], ou [è-^eu] quand suivi d'un r (ex. : armchair ['âmtchè-^eur]). Il existe une exception importante à connaître : again [^eu'gèn] (encore)

11 Entourez le mot dans lequel...

1. ... on entend le son [èï] : hairdresser - 'air - a'gain - 'play

2. ... on entend le son [è-^eu] : a'fraid - 'chair - a'gain - 'delay

3. ... on n'entend pas le son [èï] : 'trainers - a'way - a'fraid - 'air

4. ... on n'entend pas le son [è-^eu] : 'fair - 'paint - 'chair - 'hair

12 Entraînez-vous à marquer la différence entre les sons [è] et [èï] avec les paires minimales suivantes. Placez les prononciations au bon endroit

['tèl], ['ouèït], ['pèn], ['tèïl], ['pèïn], ['ouèt]

1. tell (*dire*) .... / tail (*queue*) ....

2. pen (*stylo*) .... / pain (*douleur*) ....

3. wet (*mouillé*) .... / wait (*attendre*)...............

Graphies EA, EE, EI, EW

	[i]	[èï]	[è-^eu] (souvent dans la graphie -ear)	[è]
ea	eat, read	great, steak	wear (*porter*), pear (*poire*)	head (*tête*), dead (*mort*)

• ei se prononce [i] (ex. : ceiling ['siling], *plafond*) ou [èï] (ex. : vein ['vèïn], *veine*).

• ee se prononce [i] (ex. : sleep ['slip], *dormir*).

• ew se prononce [ou] (ex. : crew ['krou], *équipage*). Mais NB : new ['niou] (*nouveau*).

• ey se prononce [i] (ex. : money ['meuni], *argent*) et parfois [èï] (ex. : grey ['grèï], *gris*).

13 **Détachez les mots et entourez celui dont la prononciation diffère de celle des autres**

1. wearbearbrewpear ....

2. eatsleeppearteacaffeinseaperceive ....

3. weightveilbreaktreegreatreign ....

4. donkeyhoneytheyturkeyalleykey ....

5. teareceiveheadsheepceilingsea ....

Longueur du i

- Comme vous l'aurez remarqué, il existe un son [i] court et un [i] long.

- Lorsque la lettre i se prononce [i], ce son est court. En revanche, lorsque les graphies ea, ee et ei se prononcent [i], ce son est long [i].

- Il est très important de marquer cette différence dès le début de votre apprentissage. Entraînez-vous en faisant l'exercice de paires minimales suivant.

14  **Placez les mots suivants dans le tableau pour former des paires minimales, puis entraînez-vous à les prononcer**

leave (partir), *slip* (glisser), *it* (ça), *fill* (remplir), *seek* (chercher), *ship* (bateau), *cheap* (bon marché)

	1.	2.	3.	4.	5.	6.	7.
I long [i]	eat		feel (*sentir*)			sheep (*mouton*)	sleep
I court [i]		sick		live (*vivre*)	chip (*frite*)		

Bravo, vous êtes venu à bout de ce chapitre ! Il est maintenant temps de comptabiliser les icônes et de reporter le résultat en page 128 pour l'évaluation finale.

Utiliser les noms
et indiquer une quantité

La notion de nom dénombrable/indénombrable

- La difficulté des noms anglais n'est pas dans la distinction féminin/masculin comme en français, car ils n'ont pas de genre. C'est dans la différenciation dénombrable (dén.) ou indénombrable (indé.) que celle-ci réside. Il est important de bien comprendre cette notion dès le début de votre apprentissage car elle est indispensable pour savoir utiliser les articles/déterminants et les quantificateurs.

- **Noms dénombrables (dén.)** Ce sont les noms que l'on peut compter. Ils représentent la majorité des noms (ex. : one table, two tables, three tables, etc.).

- **Noms indénombrables (indé.)** Ce sont ceux perçus comme un ensemble non individualisable et que l'on ne peut donc pas compter. Sont considérés comme indénombrables de nombreuses denrées alimentaires (ex : milk = *le lait*), les notions générales (ex. : love = *l'amour*). Certains indénombrables sont contre-intuitifs pour les francophones et sont à apprendre (ex. : hair = les cheveux).

Banque de mots

• dénombrables

banana [bᵉᵘ'nanᵉᵘ] (*banane*)

lemon ['lèmᵉᵘn] (*citron*)

nut ['neut] (*noix*)

pear ['pè-ᵉᵘʳ] (*poire*)

potato [pᵉᵘ'tèïtᵉᵘ-ou] (*pomme de terre*)

tomato [tᵉᵘ'matᵉᵘ-ou] (*tomate*)

• indénombrables « prévisibles »

bread ['brèd] (*le pain*)

butter ['beutᵉᵘʳ] (*le beurre*)

chocolate ['tchoklᵉᵘt] (*le chocolat*)

coffee ['kofi] (*le café*)

jam ['djam] (*la confiture*)

love ['leuv] (*l'amour*)

meat ['mit] (*la viande*)

milk ['milk] (*le lait*)

money ['meuni] (*l'argent*)

sugar ['chougᵉᵘʳ] (*le sucre*)

tea ['ti] (*le thé*)

water ['ouôtᵉᵘʳ] (*l'eau*)

• indénombrables surprenants

furniture ['feunitchᵉᵘʳ] (*meubles*)

hair ['Hè-ᵉᵘʳ] (*cheveux*)

luggage ['leugidj] (*bagages*)

pasta ['pastᵉᵘ] (*pâtes*)

spinach ['spinitch] (*épinards*)

toast ['tᵉᵘ-oust] (*pain grillé*)

1 Remettez les lettres dans l'ordre pour trouver les mots illustrés

 1. RUTBET

 5. DEABR

 9. SAPAT

 2. MELON

 6. KIML

 10. ANBNAA

 3. MAJ

 7. RLFA

 4. PAPEL

 8. ASPIHCN

2 Trouvez les lettres manquantes

 1. P _ _ A _ _

 3. _ U _

 5. _ EA _

 2. _ G _

 4. W _ _ ER

 6. T _ _ S _

3 Détachez les mots et trouvez...

1. le dénombrable
breadfurnituretomatotoastjambutter

2. l'indénombrable
lemoneggpearapplejamnut

Pluriel des noms

	dén.	indé.
Pluriel	• Ajout d'un **s** au pluriel si le nom est **régulier** (ex. : cat → cats). • Forme fixe **à apprendre** si le pluriel est **irrégulier**.	Ne se mettent pas au pluriel, ne prennent donc **pas de s** et sont **suivis d'un verbe au singulier** (ex. : **My hair is blond** = *mes cheveux sont blonds*).
Articles utilisés avec (introduction)	• **a, an, the** avec les singuliers. • **the** et/ou **chiffres** avec les pluriels.	**the** uniquement. **Ne sont jamais utilisés avec l'article indéfini a/an, ni avec un chiffre.**

Pluriel de dén. irréguliers

Terminaison du dén.	Désinence plurielle
-z, -x, -s, -ss, -sh, -ch	**-es** (ex. : brush ['breuch] → brushes ['breuchiz])
-y	**-ies**, sauf si le **y** est précédé d'une voyelle (ex. : baby ['bèïbi] → babies ['bèïbiz]); key ['ki] → keys ['kiz])
-f, -fe,- lf	**-ives** (ex. : leaf ['lif] → leaves ['livz]; wife ['ouaïf] → wives ['ouaïvz])
-o	**-oes** (ex. : potato → potatoes [p^{eu}'tèït^{eu}-ouz])

• **Formes fixes à apprendre :**

man → men ['mèn]

woman → women ['ouimin]

child ['tchaïld] (*enfant*) → **children** ['tchildr^{eu}n]

mouse ['ma-ous] (*souris*) → **mice** ['maïs]

sheep (*mouton*) → **sheep** ['chip]

foot ['fout] (*pied*) → **feet** ['fit]

tooth ['touTH] (*dent*) → **teeth** ['tiTH]

Banque de mots

bush ['bouch] (*buisson*)

fly ['flaï] (*mouche*)

goose ['gous] (*oie*)

half ['Hâf] (*moitié*)

life ['laïf] (*vie*)

 Complétez le tableau suivant en vous aidant des banques de mots (ci-dessus et p. 40)

Singulier	Pluriel
half	....
....	nuts
....	geese
egg	....
....	mice

Singulier	Pluriel
....	lives
man	....
tooth	....
....	boxes
tomato	....

5 Corrigez les éventuelles erreurs

1. My hairs are black.

2. There are three dogs on the bed.

3. The two womans are late.

4. The spinach is good.

5. The children is tired.

Indiquer la quantité

Pas de	• **not any** + dén. plur.* ou indé. (ex. : there aren't any apples / there isn't any meat) ou **no** + dén. plur. ou indé. (ex. : there are no apples / there is no meat)
Un peu de, quelques	• **a little** [^{eu}'lit^{eu}l] + indé. (ex. : a little pasta) • **a few** [^{eu}'fiou] + dén. plur. (ex. : a few tomatoes)
Du, de la, des	• **FA : some** ['seum] + dén. plur. et indé. (ex : there are some apples / there is some toast) • **FI : any** ['èni] + dén. plur. (ex. : are there any apples?) ou indé. (ex. : is there any pasta?). Lorsque l'on propose quelque chose, on utilisera **some** et non **any**, comme il serait grammaticalement attendu. Ceci est une marque de politesse (ex. : **do you want some tea?** = *voulez-vous du thé ?*)
Beaucoup de	• **a lot of** [^{eu}'leut ^{eu}v] + dén. plur. et indé. (ex. : a lot of nuts / a lot of water) • **much** ['meutch] + indé. (ex. : much sugar) • **many** ['mèni] + dén. plur. (ex. : many bananas)
Interroger sur la quantité (combien…?)	• **How much** pour les indé. (ex. : how much water is there?) • **How many** pour les dén. plur. (ex. : how many lemons are there?)

* singulier possible pour les objets dont on s'attend à ce qu'il n'y en ait qu'un seul, l'objet en question serait alors précédé de l'article indéfini ou de **one** dans la réponse qui lui correspondrait (ex. : there is a/one car / is there any car? / No, there is no car ou there isn't any car)

 6 Entourez le(s) bon(s) quantificateur(s) (parfois plusieurs réponses possibles !)

1. There are *many – much – no – a few – any* eggs in the fridge.

2. There is *no – any – many* furniture in the house.

3. How *much – many* nuts is he eating?

4. He's eating *no – any – many – a little – much – some – a few* toast.

5. How *many – much* milk is there in the fridge?

6. There is *any – many – a lot* of pasta on the table.

7 En utilisant SOME ou ANY, demandez ce qu'il y a dans le réfrigérateur ou sur la table et/ou répondez à la question

1. ? .... ?

Yes, there is one bottle in the fridge.

2. Are there any apples?

....

3. ? .... ?

Yes, there is some in the fridge.

4. Is there any chocolate?

....

5. ? .... ?

Yes, there are five in the fridge.

6. ? .... ?

Yes, there is some in the toaster, on the table.

7. Are there any steaks?

....

Utilisation des articles (approfondissement)

The	utilisé avec les choses définies et **jamais avec une généralisation** : • avec les **choses uniques** : the sun (*le soleil*), the weather (*la météo*), the dog (sous-entendu en contexte : le nôtre), the salt (sous-entendu en contexte : celui qui est sur la table, par opposition au sel en général, comme dans un énoncé comme : Ø salt is not good for you (= *le sel [en général] n'est pas bon pour la santé.*) • devant les **instruments de musique** (ex. : he's playing the piano)
Ø	• devant les **notions générales**, dén. plur. ou indé. (ex. : Ø dogs = *les chiens* en général, Ø love = *l'amour* en général) • devant les **noms de pays** sauf the *USA* (ex. : Ø France = *la France*) • devant les **sports** (ex. : he's playing Ø tennis) • devant les **titres officiels** : (ex. : Ø Queen Elizabeth = *la reine Elisabeth*) • devant les **possessifs** (mais nous avons déjà vu cela !)
A/an	• avec les noms indéfinis, comme en français • devant les **professions** (nous y reviendrons au chapitre 9)

8 Complétez les espaces par A(N), THE ou Ø

1. .... President Obama is from Hawaï.

2. Amy's in .... kitchen.

3. He's going to ..... Germany.

4. He's eating .... apple.

5. John's playing ..... trumpet.

6. My neighbour is playing .... football.

7. .... water is vital.

8. There is .... butter in .... fridge.

9. .... baby's crying.

10. My husband is .... doctor.

9 Traduisez les phrases suivantes

1. Il est en train de manger du chocolat.
....

2. Il est en train de manger du chocolat, pas de la confiture.
....

3. Est-il en train de jouer au tennis ?
....

4. Ils ne sont pas en train de jouer du piano.
....

5. Les épinards ne sont pas bons.
....

6. Les épinards, ça n'est pas bon.
....

7. L'amour est aveugle (blind).
....

8. Il n'y a pas de sucre dans mon café.
....

9. Les hommes aiment le football
....

Les noms composés sont des noms formés de deux mots différents. Ces mots peuvent être de nature variée (verbe, nom, préposition, adverbe) mais la combinaison la plus fréquente est **nom-nom**. Le premier nom apporte une précision sur le deuxième (caractéristique, type, fonction, etc.), il est invariable mais le deuxième peut se mettre au pluriel (ex. : **olive** (*olive*), **oil** (*huile*) → **olive oil** = *huile d'olive* / **olive oils** = *des huiles d'olive*).

10 À partir des nouveaux noms donnés ci-dessous et de ceux que vous avez appris dans les chapitres précédents, traduisez ces noms composés

story ['stori] (*histoire*), **bag** ['bag] (*sachet*), recipe ['rècipi] (*recette*), **pie** ['païl] (*tarte*)

1. chocolat au lait
....

2. recette de pâtes
....

3. histoire d'amour
....

4. tarte à la pomme
....

5. chaise de cuisine
....

6. sachet de thé
....

Prononciations de la désinence s/es des pluriels

Cette désinence peut se prononcer de 3 manières différentes :

- **[iz]** pour les noms qui forment leur pluriel en **-es** (c'est-à dire après les lettres -s, -sh, -ch, -x, -z)

- **[z]** après les sons [b], [d], [g], [l], [m], [n], [ng], [v], [DH], [o]

- **[s]** après les sons [f], [k], [p], [TH], [t]

II Classez les noms dans le tableau, selon la prononciation de leur désinence plurielle ●●

boxes, pears, potatoes, eggs, bananas, allergies, problems, cats, rabbits, bushes, lives, stories, nuts, bags, dresses, pots, apples, soups, caps, socks, lemons

[iz]	[z]	[s]

Prononciation du U

- **[eu]** devant une C (ex. : mug)
- **[iou]** devant C+V (ex. : tune)
- parfois **[ou]** (ex. : pull)
- **[ou]** dans les graphies **ui** et **ue** (ex. : tracksuit, blue)

Banque de mots
rude (*grossier*)
flu (*grippe*)
blue (*bleu*)
glue (*colle*)
true (*vrai*)
cute (*mignon*)

uniform (*uniforme*)
to use (*utiliser*)
barbecue (*barbecue*)
tuna (*thon*)
cruise (*croisière*)
juice (*jus*).

I2 Right or wrong ? Entourez la bonne réponse ●●

1. Le U de husband, under, umbrella, rucksack se prononce [ou] .... Ⓡ Ⓦ
2. Le U de cute, uniform, use, cup se prononce [i**ou**] .... Ⓡ Ⓦ
3. Le U de pullover, glue, butcher, bush, juice se prononce [ou] ou [**ou**] Ⓡ Ⓦ

13 Détachez les mots au bon endroit et entourez ceux dans lesquels on n'entend pas [ou] ou [ou]

bluebuscruisenutflurudebuttertunatruebarbecueluggageglue

....
....
....
....
....
....

Prononciation du Y

- [j] comme dans yaourt, en début de mot : yes [*iès*]
- [aï] dans les mots d'une syllabe, quand ce n'est pas la 1re lettre (ex. : why)
- généralement [i] ailleurs (ex. : sorry)

14 Chassez l'intrus en justifiant votre réponse

1. you, story, yellow (*jaune*), yoga

2. allergy, story, many, cry

3. hungry, cry, bye, fly

Astuce

Maintenant que nous avons passé en revue toutes les voyelles, vous avez peut-être remarqué que l'ajout d'un **e** derrière **V + C** transforme la voyelle courte en un son double :

hop (*sauter*) – **hope** (*espoir*) ['Hop – 'H^{eu}-oup]

win (*gagner*) – **wine** (*vin*) ['ouin – 'ouaïn]

fat (*gros*) – **fate** (*destin*) ['fat – 'fèït]

cut (*coupure*) – **cute** (*mignon*) ['keut - 'kiout]

Bravo, vous êtes venu à bout de ce chapitre ! Il est maintenant temps de comptabiliser les icônes et de reporter le résultat en page 128 pour l'évaluation finale.

7
Décrire un objet ou une personne

- Au chapitre 1, nous avons rapidement évoqué quelques adjectifs **attri-buts** (séparés du sujet par le verbe *être*). Nous avions mentionné que tous ces adjectifs étaient **invariables** en genre et en nombre (ex. : she is sick, he is sick, we are sick) et que les adjectifs de nationalités prenaient une majuscule.

- Ajoutons maintenant que les **adjectifs épithètes** (qui accompagnent le nom sans l'intermédiaire du verbe *être*), se placent avant le nom et sont aussi invariables (ex. : **a happy boy** = *un garçon heureux*, **happy girls** = *des filles heureuses*). Pour renfor-cer un adjectif, on utilise parfois l'adverbe **very** ['vèri], qui signifie *très*. Il se place avant l'adjec-tif (ex. : **very happy** = *très heureux/heureuse(s)*).

Banque de mots

Quelques contraires à connaître :

beautiful-ugly ['biout^{eu}foul] ['eugli] (*beau-laid*)

big-small ['big] ['smôl] (*grand-petit* ; taille)

clean-dirty ['klin] ['deuti] (*propre-sale*)

early-late ['euli] ['lèït] (*tôt-tard, en avance-en retard*)

fat-slim ['fat] ['slim] (*gros-mince*)

full-empty ['foul] ['èmpti] (*plein-vide*)

good-bad ['goud] ['bad] (*bon-mauvais*)

hot-cold ['Hot] ['k^{eu}-ould] (*chaud-froid*)

new-old ['niou] ['^{eu}-ould] (*nouveau-ancien*)

open-closed ['^{eu}-oup^{eu}n] ['kl^{eu}-ouzd] (*ouvert-fermé*)

rich-poor ['ritch] ['pou-^{eur}] (*riche-pauvre*)

short-long ['chôt] ['long] (*court-long*)

strong-weak ['strong] ['ouik] (*fort-faible*)

tall-short ['tôl] ['chôt] (*grand-petit* ; hauteur)

young-old ['ieung] ['^{eu}-ould] (*jeune-vieux*)

---

❶ Reconstituez les adjectifs suivants et reliez-les au bon contraire ••

Contraire de...

a. _ g l _ •   • 1. chaud
b. c _ l _ •   • 2. beau
c. _ o _ r •   • 3. long
d. s _ _ r _ •   • 4. riche

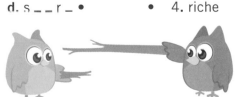

❷ Entourez le bon adjectif, sachant que Peter a un rendez-vous à 14 h 30 ••

1. He's early - late

2. He's early - late

3 Suivez les instructions données en A, B et C

	A	B	C	D
1				
2				
3				
4				

A. Indiquez la case qui correspond à la description et reformulez comme dans l'exemple

Ex. : The dog is big : 1B [oueun bi] – This is a big dog

1. The door is open :

.... [.....................]

→ ....

2. The glass is full :

.... [.....................]

→ ....

3. The towel is dirty :

.... [.....................]

→ ....

4. The woman is young :

.... [.....................]

→ ....

B. Répondez aux questions en apportant les précisions nécessaires

5. Is the woman young in A4?

....

6. Is the boy fat in C2?

....

7. Is the man strong in A2?

....

8. Is the cake bad in D3?

....

C. Passez les affirmations exactes à la forme négative

9. The dog is small in C3.

....

10. The boy is fat in B3.

....

11. The glass is empty in A1.

....

12. The door is closed in C4.

....

Les adjectifs de couleurs

yellow ['ièl[eu]-ou]

orange ['orèïndj]

red [rèd]

purple ['p**eu**p[eul]]

blue ['bl**ou**]

green ['gr**i**n]

black ['blak]

white ['ouaït]

grey ['grèï]

brown ['bra-oun]

pink ['pink]

• Structures utiles avec les couleurs :

→ **what's your favourite colour?** [ouots iou[eu] 'fèïvrit 'keul[eur]?] = *quelle est ta couleur préférée ?*

→ **what colour is / are + nom?** [ouot 'keul[eur] iz/âr] = *de quelle couleur est / sont… ?*

---

4 Trouvez les quatre couleurs qui se cachent dans la grille ci-dessous et entourez leur traduction dans la liste de mots

H	Q	D	A	R	M	E	Q	D	K	T	L
O	I	D	Y	H	S	E	E	A	B	N	J
E	Q	S	D	P	S	Q	P	X	H	V	A
P	M	D	A	N	E	T	I	S	S	F	A
H	Q	C	T	N	D	M	N	X	O	Y	T
C	N	A	K	T	U	E	K	V	A	J	O
S	O	K	D	C	F	R	I	E	N	D	W
C	E	E	W	P	K	M	T	M	B	O	A
H	B	G	O	R	N	A	C	I	L	E	A
O	A	G	A	S	F	E	H	L	U	D	X
O	W	T	A	B	T	A	E	K	E	O	E
L	P	L	I	Z	C	Y	N	R	J	R	N

rouge

vert

bleu

marron

noir

jaune

rose

gris

blanc

---

5 Répondez aux questions suivantes en apportant les éventuelles précisions nécessaires

1. Is the umbrella blue?

....

2. Are the boots brown?

....

3. Is the cat white?

....

4. Is the dog brown?

....

6 Décrivez les objets ci-dessous, comme dans l'exemple

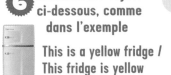

This is a yellow fridge /
This fridge is yellow

1. .... / ....

7 Complétez les espaces avec la conjugaison requise de TO BE et entourez le bon complément

1. I....... wearing a
green belt
green tie
green scarf
green rucksack

2. You .... wearing a
pink skirt
purple shirt
pink shirt
purple skirt

2. .... / ....

3. .... / ....

8 Demandez ce qu'ils portent et répondez à la question

1. « ....
.... ? »

« ....
a .... pullover
and a red .... »

2. « .... he
.... ? »,

« He ....
a .... rucksack and
a green .... »

Le corps humain

- **The face** ['fèïs] (le visage)
  ear ['i-eur] (oreille)
  eye ['aï] (œil)
  hair ['Hè-eur] (cheveux)
  mouth ['ma-ouTH] (bouche)
  nose ['neu-ouz] (nez)

- **The body** ['beudi] (corps)
  arm ['âm] (bras)
  finger ['fingeur] (doigt)
  foot ['fout] (pied)
  hand ['Hand] (main)
  head ['Hèd] (tête)
  knee ['ni] (genou)
  leg ['lèg] (jambe)

9 Complétez les illustrations suivantes

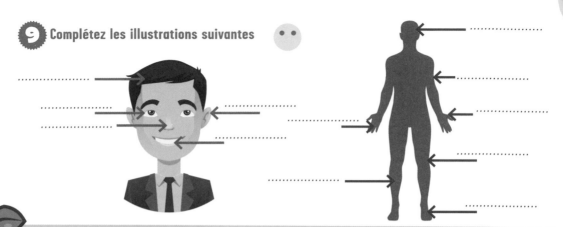

Pour demander des précisions sur l'apparence de quelque chose ou de quelqu'un, on utilise cette structure : **what is / are .... like?** *Comment est / sont .... ?* (ex. : what are his eyes like? They are big = *comment sont ses yeux ? Ils sont grands*).

10 Entourez le bon adjectif/nom dans chaque paire/triade proposée, pour décrire le personnage ci-contre correctement

David's *old-young*, he's *fat-slim*, his *head-hair-hand* is blond,

his eyes are *blue-brown-green*, his ears are *big-small-strong*,

his mouth is *small-big-weak*, his nose is *long-short-old*,

his legs are *short-long* and his feet are *big-small*.

11 Complétez les tableaux suivants

	1. Couleur des cheveux ?	2. Couleur des yeux ?
	Q : .... ?	Q : .... ?
	R :	R : ....

	3. Taille du nez ?	4. Taille de la bouche ?	5. Taille des oreilles ?
	Q : ....?	Q : ....?	Q : ....?
	R :	R :	R : ....

Comparez la scène A à la scène B

A   B

 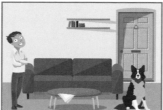

1. The d _ _ r is.....   The d _ _ r is.....

2. The man is o _ _   The man is y _ _ n _

3. The man's h _ _ r is ..... The man's h _ _ r is .....

 Entourez la bonne préposition

1. different ['difr^{eu}nt] (*différent de*) from – on – for

2. interested ['intr^{eu}stid] (*intéressé par*) in – from – on

3. dependent ['dipènd^{eu}nt]
(*dépendant de*)   in – from – on

4. responsible [ris'ponsib^{cu}l]
(*responsable de*)   at – on – for

5. sorry (*désolé de*)   in – for – from

6. married (*marié à*)   to – for – on

 Dans quel mot n'entend-on pas le son [ou], long ou court ?

1. tracksuit, four, shoe, soup

2. tooth, butcher, fruit, husband

3. out, glue, good, blue

4. foot, two, blood, screw

5. pullover, mouse, you, bush

6. umbrella, flu, who, boot

7. rude, zoo, door, bruise

Les adjectifs anglais sont parfois suivis d'une préposition, que l'on ne peut calquer sur l'adverbe ou la postposition en français (ex : nice **to** = *gentil envers*). Découvrez quelques exemples en faisant l'exercice 13.

Prononciation : les sons [ou] longs ou courts

- Au fil des chapitres, vous aurez remarqué que l'on pouvait retrouver (mais pas nécessairement) ces deux sons avec les graphies **ew, oo, ue, ou, u** et **ui**. Révisons un peu avec l'exercice suivant.

- **À noter** : on trouve aussi le son [ou] dans ces trois mots courants : two, who et shoe.

Bravo, vous êtes venu à bout de ce chapitre ! Il est maintenant temps de comptabiliser les icônes et de reporter le résultat en page 128 pour l'évaluation finale.

8

Manier les nombres, dire la date et parler de la météo

Nombres (suite)

• **13-19**
13 thirteen [THeu'tin]
14 fourteen [fô'tin]
15 fifteen [fif'tin]
16 sixteen [siks'tin]
17 seventeen [sèv^eun'tin]
18 eighteen [èï'tin]
19 nineteen [naïn'tin]
20 twenty ['touènti]

• **Dizaines**
30 thirty ['THeuti]
40 forty ['fôti]

50 fifty ['fifti]
60 sixty ['siksti]
70 seventy ['sèv^eunti]
80 eighty ['èïti]
90 ninety ['naïnti]

• **Compter dans les dizaines :** on ajoute les chiffres de 1 à 9 derrière l'unité de 10 et on met un tiret entre les dizaines et les unités (ex. : 62 = sixty-two, 56 = fifty-six)

• **Demander l'âge de quelqu'un :**
how old + to be conjugué + sujet. How old are you [Ha-ou ^eu-ould â iou?] / is she? Réponse : I'm / she's + nombre

Banque de mots
bike ['baïk] (*vélo*)

computer [k^eum'piout^eur] (*ordinateur*)

---

1 Barrez les chiffres qui conviennent pour former les nombres suivants, comme dans l'exemple

Ex. : forty-five ⑨ ⑥ ④ ⑦ ⑨ ⑤

1. thirty-seven ③ ④ ⑨ ⑦ ⑧ ②

2. ninety-two ④ ⑨ ⑦ ② ③ ①

3. sixty-three ② ④ ⑧ ⑥ ⑤ ③

2 Complétez l'écriture des nombres suivants et reliez-les au numérique qui leur correspond

a. 47 •   • 1. SE _ _ NTY- F _ _ E
b. 68 •   • 2. NINE _ _ _ N
c. 13 •   • 3. F _ _ TY-S _VE _
d. 26 •   • 4. TW _ _ TY-S _ _
e. 92 •   • 5. _ IXTY-EI _ _ _ T
f. 75 •   • 6. _ _ _ RTEEN
g. 19 •   • 7. NIN _ _ Y-T _ _

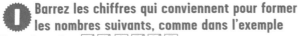

3 Quelle heure est-il ? Écrivez-la en toutes lettres

1. `05:23 am`

....

2. `09:42 pm`

....

3. `07:51 pm`

....

4 Demandez quel âge ils ont, puis répondez à la question en écrivant le nombre en toutes lettres

1. .... ?

....

2. ....?

....

3. .... ?

....

1.
We're 54.

2.
I'm 25.

3.
I'm 12.

Centaines et milliers

- **100 : one hundred** ['Heundr^{eu}d]

- **1 000 : one thousand** ['THa-ouz^{eu}nd]

- Pour compter les centaines et les milliers, on ajoute l'unité devant et une virgule après les milliers (ex. 200 = two hundred / 3,000 = three thousand). Notez que **hundred** et **thousand** sont alors **invariables.**

- On fait précéder de **and** les dizaines et les unités qui sont ajoutées à **hundred** (ex. : 210 = two hundred and ten mais 3,200 = three thousand two hundred).

- **Demander le prix d'un article : How much** ['Ha-ou meutch] **is / are + sujet?** Réponse : it's / they're + nombre.

5 Demandez le prix des objets ci-dessous et répondez en écrivant en toutes lettres

1. 9 500 euros   **2.** 890 euros   **3.** 325 euros

1. .... ? → ....

2. .... ? → ....

3. .... ? → ....

- **Mois de l'année (months of the year)**
  ['meunTHs ᵉᵘv DHᵉᵘ 'jiᵉᵘʳ]
  January ['djaniouᵉᵘri] (*janvier*)
  February ['fèbrouᵉᵘri] (*février*)
  March ['mâtch] (*mars*)
  April ['èïprᵉᵘl] (*avril*)
  May ['mèï] (*mai*)
  June ['djoun] (*juin*)
  July [djᵉᵘ'laï] (*juillet*)
  August ['ôgᵉᵘst] (*août*)
  September [sèp'tèmbᵉᵘʳ] (*septembre*)
  October [ok'tᵉᵘ-oubᵉᵘʳ] (*octobre*)
  November [nᵉᵘ-ou'vèmbᵉᵘʳ] (*novembre*)
  December [di'sèmbᵉᵘʳ] (*décembre*)

- **Jours de la semaine (days of the week)**
  ['dèïz ᵉᵘv DHᵉᵘ 'ouik]
  Monday ['meundèï] (*lundi*)
  Tuesday ['tiouzdèï] (*mardi*)
  Wednesday ['ouènzdèï] (*mercredi*)
  Thursday ['THeuzdèï] (*jeudi*)
  Friday ['fraïdèï] (*vendredi*)
  Saturday ['satᵉᵘdèï] (*samedi*)
  Sunday ['seundèï] (*dimanche*)
  today [tᵉᵘ'dèï] (*aujourd'hui*)

- **À noter :** mois et jours prennent toujours une majuscule

6 Trouvez les lettres manquantes pour reconstituer les jours, puis reliez-les à leur traduction

a. M _ _ DAY

b. SA _ _ _ DAY

c. TH _ _ _ DAY

d. TU _ _ DAY

e. F _ _ DAY

f. W _ _ NE _ DAY

g. S _ _ DAY

1. lundi

2. mardi

3. mercredi

4. jeudi

5. vendredi

6. samedi

7. dimanche

7 Trouvez les mois qui se sont cachés dans cette grille et placez-les au bon endroit

J	S	P	T	N	N	N	L	U	V
E	C	P	Y	N	E	P	S	E	V
P	Z	V	A	N	N	S	I	J	S
I	S	J	U	M	V	G	T	B	A
R	V	J	G	A	A	R	H	T	P
L	G	U	U	Y	P	C	T	J	B
A	D	L	S	E	R	R	E	R	Z
I	I	Y	T	A	I	D	L	R	H
R	R	L	M	R	L	G	E	H	E
H	A	S	O	G	C	E	Q	R	T

January   ....

February   ....

.... September

.... October

.... November

.... December

Nombres ordinaux

- Ils expriment un classement ou un ordre. Il faut apprendre les 3 premiers (irréguliers) :
  le 1er = **the first, 1st** ['feust]
  le 2e = **the second, 2nd** ['sèkeund]
  le 3e = **the third, 3rd** ['THeud]

- Ensuite, on ajoute **th** au chiffre, avec modification orthographique pour 5 :
  4e = **the fourth, 4th** ['fôTH]

5e = **the fifth, 5th** ['fifTH]
6e = **the sixth, 6th** ['siksTH]
7e = **the seventh, 7th** ['sèveunTH]...

- Dans les dizaines, c'est toujours l'unité qui porte ce **th** (les 3 premiers restent irréguliers bien-sûr. Ex. : le 31e = the thirty-first, le 43e = the forty-third, le 56e = the fifty-sixth).

8 Remettez les lettres dans l'ordre pour trouver les nombres cardinaux, puis transformez les en ordinaux, comme dans l'exemple

ex. : LEVWET → twelve, the twelfth, the 12th [DHeu 'touèlTH]

1. YWTNET-ROUF → .... , the .... , the ....

2. NEFTEIF → .... , the ...., the.....................

3. YWTNET → .... , the ...., the ....

4. ETGHEIEN → .... , the ...., the ....

Dire une date

- **What's the date today?** ['ouots DHeu 'dòït 'teudèï] = *quelle est la date d'aujourd'hui ?*

- **Réponse orale : today is +** **jour + the + nombre cardinal + of + mois** (ex. : vendredi 5 mai 2015 = Friday, the fifth of May, two-thousand [and] fifteen).

- **Date à l'écrit :** jour, mois i ordinal, année (ex. : Friday, May 5th, 2015) ou jour, ordinal, mois et année (ex. : Friday, 5th April, 2015).

- **Pour interroger sur une date ou un moment,** on utilise l'interrogatif **when,** qui signifie **quand. When + to be + sujet** (ex. : when

is / when's your birthday? [ouènz loueu 'beuIHdèïl = *Quel jour a lieu ton anniversaire ?*)

- **À noter :** Pour les années avant 2000, on décompose en 2 nombres à deux chiffres (ex. : 1965 = nineteen sixty-five, 1852 = eighteen fifty-two).

9 Rédigez la date telle qu'exprimée à l'écrit

1. 13 janvier 2017

....

2. 29 novembre 1974

....

10 Rédigez la date de naissance de Marcus et Suzie, telle qu'elle est exprimée à l'oral ● ●

1. Marcus, 5 février 1992 ....

2. Suzie, 28 juillet 2002 ....

Parler de la météo

What's the weather like today? ['ouots DH^{eu} 'ouèDH^{eu} laïk t^{eu}'dèï?] = Quel temps fait-il aujourd'hui ?

Banque de mots
● **The seasons** ['siz^{eu}nz] (les saisons)
winter ['ouint^{eur}] (hiver)
spring ['spring] (printemps)
summer ['seum^{eur}] (été)
autumn ['ôt^{eu}m] (automne)

● **The weather** ['ouèDH^{eur}] (temps, météo)
cloud ['kla-oud] (nuage)
→ **it's cloudy** ['kla-oudi] = c'est nuageux
fog ['fog] (brouillard)
→ **it's foggy** ['fogi] = il y a du brouillard
rain ['rèïn] (pluie)
→ **it's rainy / raining** ['rèïni(ng)] = il pleut
snow ['sn^{eu}-ou] (neige)

→ **it's snowy / snowing** ['sn^{eu}-oui(ng)] = il neige
sun ['seun] (soleil)
→ **it's sunny** ['seuni] = il fait beau / ensoleillé
wind ['ouind] (vent)
→ **it's windy** ['ouindi] = il y a du vent

11 Trouvez les 4 saisons dans la grille, remettez les lettres des mois 1 à 4 dans l'ordre, puis placez chaque saison sous le mois qui lui correspond ● ●

E	D	R	F	O	E	F	D	U	K
M	E	E	W	R	F	N	S	V	S
S	N	A	T	I	E	G	U	G	A
A	U	T	U	M	N	I	M	W	A
A	S	F	H	I	E	T	M	G	N
G	Q	E	R	E	M	P	E	O	G
C	T	P	E	A	B	S	R	R	G
E	S	P	X	I	V	M	N	V	A
H	I	O	C	E	L	M	T	H	L
I	F	U	Y	A	C	S	C	T	L

1. Y N J A R U A

....

2. Y A M

....

3. S U T A G U

....

4. R O T C O B E

....

12 Complétez les espaces, pour demander/indiquer quel temps il fait ● ●

1. « What .... the ....
.... today? »
« .... »

3. « What .... the ....
.... today? »
« .... »

2. « What .... the ....
.... today? »
« .... »

4. « What .... the ....
.... today? »
« .... »

Prononciation des sons doubles [èï] et [aï]

- Au fil des chapitres, vous aurez remarqué que l'on pouvait trouver (mais pas nécessairement) les **sons** [èï] et [aï] avec plusieurs graphies différentes.

- On peut trouver le son [aï] avec les graphies **ie** (ex. : lie, *mentir*), **ight** (ex. : night, *nuit*), **i + C + e** (ex. : mice).

- On peut trouver le son [èï] avec les graphies **a + C + e** (ex. : late), **a + C + y** sauf many (ex. : crazy, *fou*), **ei**, **ey** et **ai** (ex. : vein, grey, mail), et parfois **ea** (ex. : great, steak)

13 Classez les mots suivants selon que l'on y entend le son [i] ou [aï]

rabbit, time, wife, right, sister, sick, write, cry, film, fine, spinach, fly, mice, milk, story, allergy, my, pie, kitchen, night, many, life, hungry, drive.

[i]	[aï]

14 Dans quels mots entend-on...

hair, money, tea, man, table, baker, head, reign, again, apple, cake, vein, key, day, wait, race, steak, wear, rabbit, sea, read, play, monkey, cap, afraid, pear, break, caffein, weight, bag, clean, sad, trainers, dead, receive, jam, pain, ceiling, away, great, hat, paint, late

1. ... le son [èï] ? ....
....

2. ... le son [a] ? ....
....

3. ... les sons [i]/[i] ? ....
....

Bravo, vous êtes venu à bout de ce chapitre ! Il est maintenant temps de comptabiliser les icônes et de reporter le résultat en page 128 pour l'évaluation finale.

9

Parler de ses habitudes, activités, goûts et opinions

Formation

- On utilise un temps qui s'appelle le **présent simple**.

FA	**BV à toutes les personnes**, avec **ajout de la désinence -s à la 3ᵉ pers. du sing**. I / you **eat** - she / he / it **eats** - we / you / they **eat**
FN	**Sujet + auxiliaire do** (**does** à la 3ᵉ pers. sing.) **+ not + BV** I / you **do not eat** [dou not]. Forme contractée : I / you **don't eat** ['dᵉᵘ-ount] she / he / it **does not eat** [deuz not]. Forme contractée : **doesn't eat** ['deuzᵉᵘnt] we / you / they **do not eat.** Forme contractée : **don't eat**
FI	**Do** (**does** à la 3ᵉ pers. sing.) **+ sujet + BV ?** **do** I / you **eat**? - **does** she / he / it **eat**? - **do** we / you / they **eat**? Pour répondre par *oui* ou *non*, on reprend le **sujet + auxiliaire do / does** (ex. : do you read? **Yes, I do – No, I do not** ou **No, I don't**). S'il y a un interrogatif, il se place en début de phrase (ex. : **why does she run?** = *pourquoi court-elle ?* **What do you eat** = *que manges-tu ?*). **Avec who** : who + verbe à la 3ᵉ pers. sing. (ex. : **who runs?** = *qui court ?*).

- **Cas particuliers à la 3ᵉ pers. sing. :**
- si le verbe se termine par **-y** → aucune modification si celui-ci est précédé d'une V (ex. : play → plays)

- si le **y** est précédé d'une C, il se transforme en **-ies** (ex. : cry → cries).

- on ajoute **es** si le verbe se termine en **ch, sh, o, s, x, z, s** (ex. : he / she watches ['ouotchiz], he/she goes ['gᵉᵘ-ouz]).

- **Utilisations : pour parler de faits récurrents, que ce soit :**
- une vérité générale (ex. : **water boils** ['boïlz] **at 100°C** = *l'eau bout à 100 °C*)

- une action habituelle ou à valeur non ponctuelle (ex. : **I eat an apple every day** = *je mange une pomme tous les jours* / **I live in Paris** = *j'habite à Paris*).

Si l'action est ponctuelle, on utilisera le présent ING (ex. : I'm eating an apple today, I'm living in Paris this month).

- Lorsque l'on mentionne un jour donné, on met la préposition **on** devant ce jour (et non l'article défini comme en français) et un **s** au jour (ex. : I eat a sandwich **on** Mondays = *je mange un sandwich le lundi*).

- **Chaque/tous les** se dit **every** ['èvri] **+ singulier** (cette fois-ci, c'est en anglais qu'on ne met pas au pluriel !). Every day = *tous les jours*, every week = *toutes les semaines*, every month = *tous les mois*. Si l'on veut évoquer un créneau horaire (*de... à*), on emploiera **from... to** [frᵉᵘm... tᵉᵘ] (ex. : I eat from 1 to 2 p.m.).

Banque de mots

by bus/car/train (*en bus, en voiture, en train*) [baï 'beus/'kâr/'trèïn]

football ['foutbôl] (*football*)

go shopping ['choping] (*aller faire des courses*)

on foot [on 'fout] (*à pied*)

play ['plèï] (*jouer*)

rugby ['reugbi] (*rugby*)

swimming pool ['souiming poul] (*piscine*)

to dress ['drès] (*s'habiller*)

to exercise ['ègz^{eu}saïz] (*faire du sport*)

to get up ['gèt ^{eu}p] (*se lever*)

to go to bed ['g^{eu}-ou t^{eu} 'bèd] (*aller se coucher*)

to shave ['chèïv] (*se raser*)

to speak ['spik] (*parler*)

to speak English ['spik 'inglich] (*parler anglais*)

to take a shower ['lèïk ^{eu} 'cha-ou^{eu}] (*prendre une douche*)

to wash ['ouoch] ([*se*] *laver*)

to work ['oueuk] (*travailler*)

trumpet ['treumpit] (*trompette*)

• **Adverbes de temps** exprimant l'habitude. Ils se placent entre le sujet et le verbe.

always ['ôlouèïz] (*toujours*)

never ['nèv^{eur}] (*jamais*) (ex. : I never drink milk)

often ['of^{eu}n] (*souvent*)

sometimes ['seumtaïmz] (*parfois*)

usually ['iouj^{eu}li] (*généralement*)

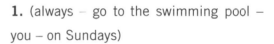

❶ Formez des phrases correctes au présent simple à l'aide des éléments fournis ● ●

1. (she – play – rugby – not)

....

2. (you – exercise – ?)

....

3. (? – get up – they – when)

....

4. (not – speak English – I – well)

....

5. (on foot – she – go to school)

....

6. (? – he – work – where)

....

❷ Formez des phrases pertinentes à l'aide des éléments fournis ● ●

1. (always – go to the swimming pool – you – on Sundays)

....?

2. (go shopping – every week – my daughter – usually)

....

3. (play rugby – we – on Saturdays – never)

....

3 Retrouvez les 5 adverbes de fréquence dans la grille suivante et classez-les dans l'ordre croissant en terme de fréquence

E	E	E	Y	C	W	Y	S	G	O	R	C
Q	Q	W	D	O	R	O	F	T	E	N	F
Y	L	S	O	M	E	T	I	M	E	S	R
R	F	Z	C	E	L	F	R	Q	Y	S	H
S	U	R	T	I	O	A	R	A	A	D	M
H	S	C	O	T	F	T	W	N	C	X	L
Y	U	O	R	M	A	L	O	Y	H	N	E
S	A	T	U	C	A	I	G	O	E	U	Z
C	L	E	O	P	J	N	E	V	E	R	N
T	L	M	T	R	I	F	I	O	S	S	I
E	Y	S	D	F	D	L	G	H	E	E	T
P	L	E	W	S	I	A	C	V	E	D	S

⊕ ....

....

....

....

⊖ ....

4 Formez 8 phrases correctes en associant chaque sujet à une forme verbale et à un complément pertinent

1. The Johns
[DH^eu 'djonz]

2. Victor
['vikt^eur]

A. goes
B. get up
C. have dinner
D. play
E. plays the
F. exercises
G. usually go to bed
H. never

a. at 11 p.m.
b. shaves
c. trumpet
d. in the park
e. at 8 a.m. and have breakfast
f. rugby from 3 to 5 p.m.
g. to the cinema on Saturdays
h. at the restaurant every day

1. ....
2. ....
3. ....
4. ....
5. ....
6. ....
7. ....
8. ....

5 Par quel moyen de locomotion vont-ils au travail / à l'école ? Posez la question et répondez-y

1. .... ? ....

2. .... ? ....

3. .... ? ....

Structures utiles pour demander à quelqu'un :

- ce qu'il fait dans la vie : **what do / does + sujet + do?** (ex. : what do you do? ['ouot dou iou 'dou]). On répond par : **sujet + to be + a/an + métier** (ex. : **I'm a vet** = je suis vétérinaire)

- d'où il vient : **where do / does + sujet + come from?** ['ouè-eu... keum freum?]. On répond par : **sujet + come / comes from + pays / ville** (ex. : **he comes from Spain** = il vient d'Espagne)

- où il habite : **where do / does + sujet + live?** ['ouè-eu... 'liv]. On répond par : **sujet + live(s) in + pays / ville** (ex. : **they live in Rome** = ils vivent à Rome)

Banque de mots
doctor ['dokteur] (médecin)

farmer ['fameur] (fermier)

flat ['flat] (appartement)

hairdresser ['Hèeudrèseur] (coiffeur)

house ['Ha-ous] (maison)

lawyer ['loïeur] (avocat)

mechanic ['mi'kanik] (mécanicien)

nurse ['neus] (infirmière)

plumber ['pleumeur] (plombier)

postman ['peu-oustmeun] (facteur)

student ['stioudeunt] (étudiant)

teacher ['titcheur] (professeur)

to do [tou 'dou] (faire)

to live [tou 'liv] (vivre)

vet ['vèt] (vétérinaire)

6 Déclinez les phrases suivantes à l'aide des illustrations, comme dans l'exemple : Henry ['Hènri] – Paris ['paris]

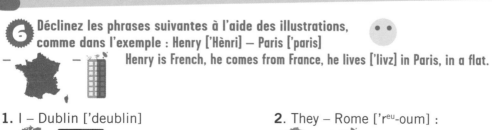

— **Henry is French, he comes from France, he lives ['livz] in Paris, in a flat.**

1. I – Dublin ['deublin]

2. They – Rome ['reu-oum] :

....

7 Traduisez les phrases suivantes ••

1. Je bois souvent du thé mais aujourd'hui je bois du café.

....

2. Tu portes toujours du noir mais aujourd'hui tu portes du bleu.

....

3. Ma mère ne fait jamais de sport le mardi mais aujourd'hui elle joue au tennis.

....

4. Il boit tout le temps de l'eau mais aujourd'hui il boit du jus d'orange.

....

8 Répondez aux questions suivantes, en apportant les éventuelles précisions nécessaires ••

1. Is he a nurse? ....

2. Is she a lawyer? ....

3. Is she a nurse? ....

4. Is he a mechanic? ....

5. Is she a hairdresser? ....

6. Is he a mechanic? ....

7. Is he a vet? ....

On utilise aussi le **présent simple** pour exprimer sa volonté, ses pensées, goûts, opinions, sensations et émotions (voir pp. 65-66).

Banque de mots

apricot ['èïprikot] (*abricot*)

but [beut] (*mais*)

cheese ['tchiz] (*fromage*)

cherry ['tchèri] (*cerise*)

chips ['tchips] (*frites*)

Pour interroger sur un choix : **either... or** ['aïDH^eur... or] (*ou... ou*)

French beans ['binz] (*haricots verts*)

God ['god] (*Dieu*)

ham ['Ham] (*jambon*)

ice cream [aïs 'krim] (*crème glacée*)

peas ['piz] (*petits pois*)

pineapple ['païnap^eul] (*ananas*)

soup ['soup] (*soupe*)

sugar ['choug^eur] (*sucre*)

to believe [bi'liv] (*croire*)

to hate ['Hèït] (*détester*)

to hope ['H^eu-oup] (*espérer*)

to know ['n^eu-ou] (*savoir*)

to like ['laïk] (*bien aimer*)

to love ['leuv] (*adorer*)

to remember [ri'mèmb^eur] (*se rappeler / se souvenir de*)

to think ['THink] (*penser*)

to understand ['eund^eustand] (*comprendre*)

to want ['ouãnt] (*vouloir*)

to wish ['ouich] (*souhaiter*)

to wonder ['oueund^eur] (*se demander*)

vegetables ['vèdjt^eub^eulz] (*légumes*)

with [ouiDH] (*avec*)

without [ouiDH'a-out] (*sans*)

---

9 Passez à la forme négative, en corrigeant les erreurs de traduction ● ●

1. Ton père déteste les petits pois.
Your father likes French beans.

....

2. Aimes-tu les pommes ?
Do not you believe apples?

....

3. Mon frère adore l'ananas.
My brother hates cherries.

....

4. Je pense qu'il est 3 heures.
I understand it is 3 o'clock.

....

5. Je te crois.
I know you.

....

6. Je connais ses parents.
I believe his parents.

....

7. J'ai besoin de légumes.
I need beans.

....

10 Indiquez quels aliments ont été oubliés au marché ● ●

cheese

ham

pineapple

tomatoes

French beans

....

....

....

....

11 Procédez comme dans l'exemple en vous aidant des informations fournies dans le tableau

Ex. : Emma - aimer - tomates? → Does Emma like tomatoes?
Yes, she loves tomatoes and soup, but she hates ham.

	😊	🙁
Emma		
Michael ['maïk^{eu}l]		
Harry		

1. Michael ['maïk^{eu}l] – aimer – jambon : .... ? ....

2. Harry – aimer – abricots : .... ? ....

3. Michael – aimer – cerises : .... ? ....

4. Emma – aimer – jambon : .... ? ....

12 Posez les questions permettant d'obtenir les réponses ci-dessous

1. .... ?
I usually exercise <u>on Mondays</u>.
2. .... ?
<u>My mother</u> does the shopping.
3. .... ?
<u>Yes, I speak</u> English very well.
4. .... ?
She sometimes sleeps <u>on the sofa</u>.

5. .... ?
I go to work <u>on foot</u>.
6. .... ?
I go to work on foot <u>because I haven't got a car</u>.
7. .... ?
She wants <u>chips and peas</u>.

13 Conjuguez les verbes au temps qui convient : présent simple ou présent ING ?

1. Many cats (**like milk**) ....

2. The baby (**sleep**) .... well today.

3. You (**think**) the film is too long.
.... ?

4. I (**not – drink – tea**) today ....

5. English people (**drink**) a lot of tea.
....

6. What (**he – do**)? ....
He's a lawyer.

7. He (**not – want**) ....
to go on foot.

66

14 Reliez chaque début de phrase à la suite qui lui correspond

1. Look, it's •
2. He never •
3. It usually •
4. What is she •
5. I sometimes •

• **a.** snows in December
• **b.** doing?
• **c.** snowing!
• **d.** do the shopping
• **e.** works on Saturdays

Prononciation du s/es à la 3e pers. du sing.

- Le **S** se prononce [z] ou [s]. C'est le degré de facilité à prononcer qui est déterminant. Ainsi, il se prononcera [s] après les sons [p], [t], [k], [f] et [z] après les voyelles et les sons [b], [d] et [g].

- Le **ES** se prononce [z] ou [iz] : [iz] après les sons [s], [ch], [tch], [j], [x], [z].

- **S/ES** se prononcent [iz] pour les verbes se terminant en **-y** : (ex. : worries* ['ouoriz]) sauf si le **y** ne se prononce pas [i] (ex. : plays ['plèïz]).

* to worry = s'inquiéter.

15 Indiquez comment se prononce le s/es dans chacune des lignes suivantes

1. eats, cooks, waits, sleeps, makes, wants, hates : [...]
2. goes, cleans, plays, sings, believes, lives : [............]
3. exercises, pushes, wishes, catches, washes : [.........]

16 Indiquez la bonne prononciation du son s/es entre crochets

1. writes [.................]
2. swims [.................]
3. washes [.................]
4. drinks [.................]
5. kisses [.................]
6. teaches [.................]
7. likes [.................]
8. wears [.................]

9. watches [.................]
10. reads [.................]
11. worries [.................]
12. cries [.................]
13. knows [.................]
14. hopes [.................]
15. thinks [.................]
16. remembers [............]

Bravo, vous êtes venu à bout de ce chapitre ! Il est maintenant temps de comptabiliser les icônes et de reporter le résultat en page 128 pour l'évaluation finale.

Exprimer correctement le verbe avoir

Le verbe to have

FA	I / you **have** ['Hav] – she / he / it **has** ['Haz] – we / you / they **have** ['Hav]
FN	Forme pleine I / you **do not have** – she / he / it **does not have** – we / you / they **do not have** Forme contractée I / you **don't have** – she / he / it **doesn't have** – we / you / they **don't have**
FI	**do** I / you **have**? – **does** she / he / it **have**? – **do** we / you / they **have**? On y répond par **yes, I do / she does** ou **no, I do not – don't / she does not – doesn't**. S'il y a un interrogatif, il se place en début de phrase (ex. : what do you have : a bath or a shower?). Avec **who** : who + **have** à la 3ᵉ pers. sing. (ex. : **who has diabetes?** = qui a du diabète ?)

Il s'emploie dans 2 contextes :

• au présent simple, pour un état non transitoire (*avoir une maladie grave, un bon métier...*).

• dans des expressions désignant une activité / action, où il signifie **prendre** et non **avoir** (*prendre un verre, le petit déjeuner, une douche, des vacances*, etc.). On l'utilise alors au présent simple s'il s'agit d'une habitude (ex. : **I have milk every day** = *je prends du lait tous les jours*), ou au présent ING si l'action se déroule au moment où l'on parle ou si elle est ponctuelle (ex. : **I'm having a glass of milk** = *je prends un verre de lait, là maintenant ou aujourd'hui, par exemple*).

Banque de mots

a drink ['drink]
(*un verre/une boisson*)

bacon ['bèïkᵉᵘn] (*bacon*)

beans ['binz] (*haricots*)

cereal ['siriᵉᵘl] (*céréales*)

coffee ['kofi] (*café*)

dream ['drim] (*rêve*)

good time ['goud 'taïm]
(*bon moment*)

holiday ['Holidèï]
(*vacances*)

job ['djob] (*emploi*)

orange juice
['orèïndj 'djous]
(*jus d'orange*)

problem ['problᵉᵘm]
(*problème*)

sausage ['sosidj] (*saucisse*)

temper ['tèmpᵉᵘr]
(*caractère*)

1 Répondez aux questions à l'aide du tableau, comme dans l'exemple
Exemple : where's the bacon? It's in I8 [aï ëït] / What's in [aï ëït]? Bacon

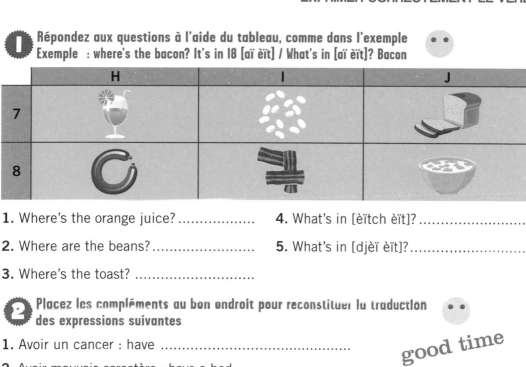

	H	I	J
7			
8			

1. Where's the orange juice? ....

2. Where are the beans? ....

3. Where's the toast? ....

4. What's in [ëïtch ëït]? ....

5. What's in [djèï ëït]? ....

2 Placez les compléments au bon endroit pour reconstituer la traduction des expressions suivantes

1. Avoir un cancer : have ....

2. Avoir mauvais caractère : have a bad ....

3. Prendre un bain : have a ....

4. Prendre un verre : have a ....

5. Passer un bon moment : have a ....

6. Prendre des vacances : have a ....

7. Avoir un problème : have a ....

8. Déjeuner : have ....

9. Faire un rêve : have a ....

good time
bath
problem
lunch
dream
holiday
cancer
TEMPER
drink

3 Complétez les espaces en utilisant HAVE et entourez le bon quantificateur/article pour indiquer ce que les personnages sont en train de faire

1. .... some/any ....

2. .... a/an ....

3. .... an/a ....

4 Répondez aux questions suivantes en apportant les précisions nécessaires

	question	réponse
1.	Do they have eggs for lunch?	....
2.	Does she have tea?	....
3.	Does he have bacon?	....

Have got

FA	• I / you **have got** ou forme contractée **I've got** [aïv 'got] et you**'ve got** [iouv 'got] • she / he / it **has got** ou forme contractée she / he / it**'s got** [chiz 'got/Hiz 'got/its 'got] • we / you / they **have got** ou forme contractée we / you / they**'ve got** [DHèïv 'got]
FN	• I / you **have not got** ou forme contractée I/you **haven't got** [aï/iou Hav^{eu}nt 'got] • She / he / it **has not got** ou forme contractée she/he/it **hasn't** [Haz^{eu}nt] **got** • we / you / they **have not got** ou forme contractée we/you/they **haven't got**
FI	• **Have** I / you **got**? **Has** she / he / it **got**? **Have** we / you / they **got**? • On y répond par **yes, I have / she has** ou **no, I have not – haven't / she has not – hasn't**, etc. Notez que si la réponse est affirmative, on n'utilise pas la forme contractée. S'il y a un interrogatif, il se place en début de phrase (ex. : **what have you got?** = *qu'as-tu ?*). Avec **who** : **who + have got** à la 3e pers. sing. (ex. : **who has got a car?** = *qui a une voiture?*)

On utilise *have got* pour évoquer :
• les « possessions » (*avoir une voiture, un chat*, etc.)*
• les caractéristiques physiques (*avoir une barbe, les cheveux longs, les yeux bleus*, etc.)
• les liens de parenté (*avoir des enfants, un frère*, etc.)*
• les maux ponctuels (*avoir mal à la tête, la grippe*, etc.).

* Vous vous rendrez compte que dans l'usage, on peut aussi utiliser *have* dans ces cas de figure, mais pour l'heure, retenez ces grandes lignes.

Banque de mots

a cold ['kᵉᵘ-ould]
(*un rhume*)

a headache ['Hèdèïk]
(*un mal de tête*)

a sore throat
[sô THrᵉᵘ-out]
(*un mal de gorge*)

the flu ['flou]
(*la grippe*)

toothache
['touTHèïk]
(*un mal de dents*)

beard ['bi-ᵉᵘd] (*barbe*)

change ['tchèïndj]
(*monnaie*)

computer [kᵉᵘm'piouᵗᵉᵘʳ]
(*ordinateur*)

dishwasher
['dichouochᵉᵘʳ]
(*lave-vaisselle*)

glasses ['glasiz] (*lunettes*)

goldfish ['gᵉᵘ-ouldfich]
(*poisson rouge*)

laptop ['laptop]
(*ordinateur portable*)

launderette [leundᵉᵘ'rèt]
(*laverie automatique*)

pet [pèt]
(*animal domestique*)

washing-machine
['ouoching mᵉᵘ'chin]
(*lave-linge*)

watch ['ouotch] (*montre*)

• **Expression utile :** have
you got a sec? ['sèk]
(*T'as une minute ?*)

5 **Complétez la grille suivante**

1 →   3 →    5 →

2 →    4 →    6 →

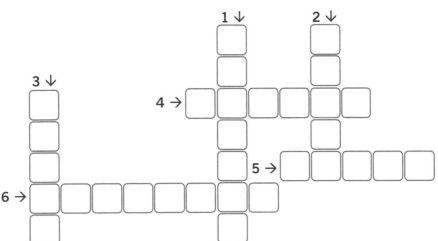

6 Identifiez le 'S qui correspond à un possessif, celui qui correspond au verbe être et celui qui correspond au verbe avoir

1. My friend's dishwasher's old.   **2.** My friend's got a dishwasher.

7 Dans chacune de ces lignes, entourez la phrase correctement formulée

1. a. Has you got a cat? **b.** Have they got a cat? **c.** Have he got a cat?

2. a. She haven't got a brother. **b.** I have got not a brother. **c.** We haven't got a brother.

3. a. They's got a house. **b.** You have a house got. **c.** She's got a house.

4. a. Who have got a car? **b.** Who has got a car? **c.** Who've got a car?

8 Décrivez Jordan à l'aide de l'illustration ci-contre (yeux, cheveux, nez, accessoires, vêtements)

....

....

....

....

....

....

....

....

9 Passez les phrases suivantes à la forme indiquée

1. Heather has got a pet. **FI :** ....

2. I don't have lunch at 12. **FI :** ....

3. Has your husband got a beard? **FN :** ....

4. Does he have a bad job? **FA :** ....

10 Procédez comme dans l'exemple en vous aidant des informations fournies dans le tableau

1. Has Mike got a dishwasher? No, he hasn't got a dishwasher but he's got a laptop and a goldfish.

1. Mike ['maïk]	x	√	√
2. Roger ['rodj^{eur}] and Charles	√	√	x
3. Amy ['èïmi]	x	√	√
4. Jane	√	x	x

2. ....

3. ....

4. ....

11 Trouvez les cinq termes désignant des maux (en mettant les lettres dans l'ordre) et utilisez-les pour traduire les phrases suivantes

1. J'ai mal à la gorge : **A EOSR TOARHT** ....

2. Le frère de Mary a un rhume : **A LODC** ....

3. Ta mère a t-elle la grippe ? **LUF** ....?

4. Mon chien a mal aux dents : **ATOCHEHOT** ....

5. Ils ont mal à la tête : **A DAECHEHA** ....

12 Entourez la bonne forme verbale

1. They *has got – has – have got – have* a beautiful house.

2. She *has got – have got – has – have* dinner at 8 p.m.

3. We *have got – has got – have – has* two laptops.

4. He *has – have got – has got – have* a sister.

• Il existe un certain nombre d'expressions pour lesquelles on utilise le verbe *avoir* en français (avoir + nom) mais *être* en anglais (être + adjectif). Pour l'heure, vous pouvez retenir les plus courants :

avoir + âge = **be + nombre**

avoir tort / raison = **be wrong/right**

avoir chaud / froid = **be hot/cold**

avoir peur = **be afraid** [ᵉᵘ'frèïd]

avoir faim = **be hungry** ['Heungri]

avoir soif = **be thirsty** ['THeusti]

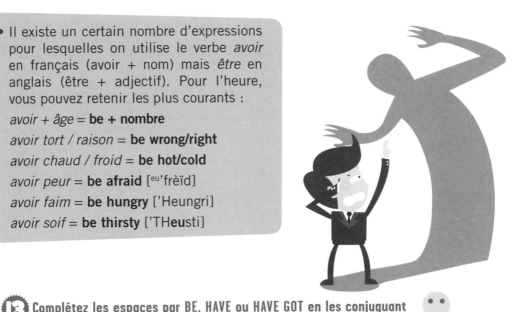

13 Complétez les espaces par BE, HAVE ou HAVE GOT en les conjuguant

1. I usually .... a snack at 4 p.m.

2. Patrick .... the flu.

3. I .... afraid of big dogs.

4. My friend .... no laptop.

5. Yes, you .... right, she........... 25.

6. .... you ...... a good time? Yes, we are!

7. He ...... thirsty, he ... a glass of water.

8. My sister .... five sons!

14 Traduisez les phrases suivantes

1. Qui a un animal domestique ?

....

2. Je prends toujours du sucre dans mon thé.

....

3. Tes enfants ont-ils faim ?

....

4. As-tu un petit ami ?

....

5. Ils n'ont pas de monnaie.

....

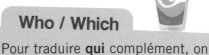

Who / Which

Pour traduire **qui** complément, on utilise :

• **who** si ce qui précède est une personne (ex. : I know a man. He is a pilot = I know a man who is a pilot.)

• **which** ['ouitch] si ce qui précède est non humain (ex. : I have a computer. It is expensive. = I have a computer which is expensive.)

15 Reformulez les phrases suivantes en utilisant soit WHICH soit WHO

1. This is my friend. He is a doctor : ....

2. Her mother cooks pasta. Her pasta is good : ....

3. He's having a cup of tea. It is hot : ....

4. She's got a brother. He is fat : ....

Prononciation des graphies ch et sh

Le **ch** se prononce [tch] (ex. chewing-gum = ['tchouing-geum] et le **sh** se prononce [ch] (ex. : shopping [’choping]).

16 RIGHT OR WRONG? Entourez la bonne réponse

1. chair ['tchè-^{eur}] .... R W

2. shadow ['tchad^{eu}-ou] (*ombre*) .... R W

3. shoes ['ch**ou**z] .... R W

4. check-up ['chèk ^{eu}p] .... R W

17 Entourez la bonne prononciation

1. chin (*menton*) **a.** ['chin] **b.** ['tchin]

2. show (*spectacle*) **a.** ['ch^{eu}-ou] **b.** ['tch^{eu}-ou]

3. choice (*choix*) **a.** ['tchoïs] **b.** ['choïs]

4. church (*église*) **a.** ['ch**eu**tch] **b.** ['tch**eu**tch]

5. shampoo (*shampooing*) **a.** [tcham'p**ou**] **b.** [cham'p**ou**]

18 Soulignez les sons [tch] et identifiez les sons [ch]

1. The English butcher is having chicken for lunch.

2. He's having a cheese sandwich on the kitchen chair.

3. The children are eating much chocolate.

4. There's cherry juice on his chin and his shirt.

Bravo, vous êtes venu à bout de ce chapitre ! Il est maintenant temps de comptabiliser les icônes et de reporter le résultat en page 128 pour l'évaluation finale.

11

Exprimer la comparaison

Le comparatif et le superlatif

	Adjectifs courts	Adjectifs longs
Comparatif d'égalité *(pas) aussi... que...*	**(not) as ... as** [az ... az] (ex. : as big as)	**(not) as ... as** (ex. : as beautiful as)
Comparatif d'infériorité *moins... que...*	**less ... than** [lès ... DHan] (ex. : less clean than)	**less ... than** (ex. : less interesting than)
Comparatif de supériorité *plus... que...*	**Adj + -er ... than** [eur ... DHan] (ex. : older than)	**more + adj + than** [môr ... DHan] (ex. : more comfortable than)
Superlatif d'infériorité *le moins...*	**the least ...** [DHeu... list] (ex. : the least small)	**the least ...** (ex. : the least disappointed)
Superlatif de supériorité *le plus...*	**the + adj + -est** [DHeu ...eust] (ex. : the coldest)	**the most** [DHeu meu-oust] + adj (ex. : the most talkative)

- On considère comme courts les adjectifs d'une syllabe (ex. : nice) et ceux de deux syllabes qui se terminent par **-le, -y, -er, -ow** (ex. : easy). Les adjectifs se terminant par **-y** prennent la désinence **-ier** au comparatif et **-iest** au superlatif.

- Pour les adjectifs se terminant par 1V+1C, on double cette C (ex. big : bigger ['bigeur]).

- Les adjectifs **good** et **bad** ont des formes irrégulières qu'il faut apprendre : **good, better** ['bèteur] (*mieux*), **the best** ['bèst] (*le meilleur*) / **bad** ['bad], **worse** ['oueus] (*pire*), **the worst** ['oueust] (*le pire*).

- **Structures utiles avec le superlatif :**
in the world ['oueuld] = *au monde*
in town ['ta-oun] = *de la ville*
in + pays = *de + pays*
I know = *que je connaisse*
there is = *qui soit*
The happiest man in the world / in town / in England / I know / there is = *l'homme le plus heureux du monde / de la ville / d'Angleterre / que je connaisse / qui soit*

Banque de mots

boring ['bôring] (*ennuyant*)

clever ['klèv^{eur}] (*intelligent*)

comfortable ['keumft^{eu}b^{eu}l] (*confortable*)

complicated ['komplikèïtid] (*compliqué*)

confident ['konfid^{eu}nt] (*confiant*)

dangerous ['dèïngr^{eu}s] (*dangereux*)

disappointed [dis^{eu}'poïntid] (*déçu*)

easy ['izi] (*facile*)

famous ['fèïm^{eu}s] (*célèbre*)

funny ['feuni] (*drôle*)

generous ['djèn^{eur}^{eu}s] (*généreux*)

interesting ['intristing] (*intéressant*)

lazy ['lèïzi] (*paresseux*)

lucky ['leuki] (*chanceux*)

nice ['naïs] (*gentil, agréable*)

proud ['pra-oud] (*fier*)

quiet ['kouaï^{eu}l] (*calme*)

selfish ['sèlfich] (*égoïste*)

shy ['chaï] (*timide*)

smart ['smât] (*intelligent*)

talkative ['tôk^{eu}tiv] (*bavard*)

wonderful ['oueund^{eu}f^{eu}l] (*formidable*)

• **Nouveaux contraires :**

cheap ['tchip] (*bon marché*)
– **expensive** [ik'spènsiv] (*cher*)

good ['goud] (*bon*)
– **bad** ['bad] (*mauvais*)

heavy ['Hèvi] (*lourd*)
– **light** ['laït] (*léger*)

sour ['sa-ou^{eur}] (*amère*)
– **sweet** ['souit] (*sucré*)

❶ Détachez les mots suivants et placez-les à côté de leur traduction. ☺
Il y a deux orphelins, lesquels ?

lazyshytalkativefamousconfidentboringselfishfunny

1. drôle ....

2. bavard ....

3. célèbre ....

4. ennuyant ....

5. paresseux ....

6. confiant ....

❷ Remettez les lettres dans l'ordre pour trouver l'opposé des adjectifs suivants ☺

1. Expensive
PEHAC ....

2. Sweet
RUSO ....

3. Light
YHVEA ....

Retrouvez les mots ci-dessous et reliez-les à leur traduction

1. N _ C _ •   • **a.** formidable

2. F _ N _ _ •   • **b.** intelligent

3. _ UI _ _ •   • **c.** déçu

4. C _ EV _ _ •   • **d.** gentil, agréable

5. W _ _ DE _ F _ _ •   • **e.** drôle

6. _ IS _ P _ O _ _ TED • • **f.** calme

Mettez les éléments dans l'ordre pour former des phrases pertinentes

1. cake / as / is / good / not / spinach / as

....

2. horses / than / smaller / ponies / are

....

3. boring / is / Mary / than / Julia / more

....

4. family / son / Patrick / the / in / cleverest / the / is

....

5. world / dog / most / this / the / in / is / dangerous / the

....

6. confident / yours / son / is / than / less / my

....

7. know / neighbour / least / man / my / is / I / talkative / the

....

5 Corrigez les erreurs

1. Chocolate is gooder than jam.

2. He's the worse piano player there is.

3. This armchair is the comfortabler in the shop.

4. Their son is the most nice boy I know.

5. This exercise is least complicated than n°6.

6 Complétez les espaces en suivant les consignes indiquées entre parenthèses

1. Her son (**= shy**) .... her daughter.

2. I (**- disappointed**) .... you.

3. My neighbour (**le - generous**) .... boy there is.

4. Her boyfriend (**le + lucky**) .... man I know.

5. That's (**le + sad**) .... film there is.

7 En utilisant comparatifs et superlatifs, construisez le plus de phrases possibles à partir des éléments fournis

1. Beer (*bière*), champagne, expensive

....

....

....

....

....

....

....

2. Apple, lemon, sweet

....

....

....

....

....

....

....

8 Traduisez les phrases ci-dessous

1. Robert ['rob^{eu}t] est-il moins célèbre que Liam ['li^{eu}m] ?

....

2. C'est le film le plus merveilleux qui soit.

....

3. Suis-je plus égoïste que lui ?

....

4. Mon frère n'est pas plus riche que vous.

....

5. Leur médecin est l'homme le plus fier de la ville.

....

Les liaisons

- Il existe aussi des liaisons en anglais. Tout comme en français, elles facilitent la prononciation et donnent de la **fluidité** au discours.

- **Liaison la plus courante : son C + son V**. Quand un mot se termine par un son C et qu'il est suivi par un son V, il faut faire la liaison. Comment ? C'est un peu caricatural, mais dans un premier temps, en faisant comme si la C faisait partie du mot qui suit (ex. : an egg : a negg [^{eu} 'nèg] / read the book = read it : rea – dit ['ri dit]).

9 Indiquez la prononciation des mots suivants (procédez comme dans l'exemple ci-dessus)

1. eat it [....]

2. watch us [....]

3. an umbrella [....]

4. drink it [....]

5. an old dog [....]

6. milk allergy [....]

La liaison avec le r

- Le **r** de fin de mot ne se prononce pas si ce mot est isolé ou suivi d'un mot commençant par une C. Cependant, quand un mot se terminant en **r** est suivi d'un mot débutant par une V, on prononce ce **r** pour faire la liaison (ex. : car race ['kâ 'rèïs] (*course de voitures*) *vs* car engine ['kâr‿'èndjin] (*moteur de voiture*))

- Attention : on ne fait pas la liaison avec le **r** si le 2e mot commence par les graphies **u** ou **eu** se prononçant [iou] (ex. : euro ['iour^{eu}-ou], university ['iouniveusiti], uniform ['iounifôm]).

10 Mettez une croix dans la case lorsque le R ne se prononce pas et un signe de liaison lorsqu'il se prononce pour faire la liaison

four ☒ nuts   four ☐ eggs

1. poor ☐ baker

2. door ☐ and window

3. winter ☐ apples

4. better ☐ university

5. butter ☐ cake

6. butter ☐ is good

7. dear ☐ Emma

8. pear ☐ and apples

9. summer ☐ house

10. clever ☐ and shy

Son V suivi d'un autre son V

- Pour éviter un hiatus **entre deux V** et adoucir l'enchaînement, on ajoute un petit son très léger :
  - soit un son [ou] (comme dans *ouate*) (ex. : do it = do [ou] it)
  - soit un son [j] (comme dans *yeux*, pa<u>ill</u>e) (ex. : he eats = he [j]eats)

- Le choix entre ces **deux sons** se fait sans même en avoir conscience (déterminé par le degré d'ouverture de la bouche et le positionnement de la langue que nécessite la prononciation du 1er mot). Ne réfléchissez donc pas trop, cela viendra naturellement avec la pratique.

11 Entourez le son furtif qui vous permettra de prononcer ces énoncés de manière fluide

1. two [ou] [j] eggs

2. three [ou] [j] eggs

3. the [ou] [j] apple

4. tea [ou] [j] and coffee

5. potato [ou] [j] and carrot

6. very [ou] [j] old

7. two [ou] [j] apples

8. we [ou] [j] are

9. say [ou] [j] it

10. funny [ou] [j] eyes

11. yellow [ou] [j] umbrella

12. my [ou] [j] ear

Bravo, vous êtes venu à bout de ce chapitre ! Il est maintenant temps de comptabiliser les icônes et de reporter le résultat en page 128 pour l'évaluation finale.

Donner un ordre et faire une suggestion/recommandation

- On utilise l'impératif, comme en français. On l'emploie surtout pour la 1re pers. plur. et les 2e pers. sing. et plur., mais sachez reconnaître aussi les autres si vous les entendez ! Pour former l'impératif, il faut connaître les pronoms personnels compléments (moi, toi, lui, etc.).

- **Les pronoms personnels compléments (PPC)**

me [mi]	you [iou]	her [Heu^r]	him [Him]	it [it]	us [eus]	you [iou]	them [DH^{eu}m]
moi	*toi*	*elle, la*	*lui, le*	*ça, le*	*nous*	*vous*	*eux/elles, les*

Ex. : **I like her/him** = *je l'aime bien*, **they like us** = *ils nous aiment bien*. Ces PPC sont aussi utiles dans certaines structures verbales de base (ex. : **look at her!** = *regarde-la !*).

1 **RIGHT OR WRONG? Les équivalences suivantes sont-elles correctes ?**

1. She's watching a film
= she's watching *him* .... R W

2. She's having dinner with Robert and me
= she's having dinner with *us* ..... R W

3. I'm working with her dad
= I'm working with *him* .... R W

4. Sean is talking to Emma and Ian
= Sean is talking to *their* .... R W

5. I don't trust your brother
= I don't trust *it* .... R W

2 **Remplacez les éléments soulignés par un PPC**

1. She's looking at <u>my brother</u> : ....

2. I often have dinner with <u>James ['djèïms] and Alan</u> : ....

3. He loves <u>me and Ellen</u> : ....

4. You don't like <u>my mother</u> : ....

Formation de l'impératif

	Forme affirmative	Forme négative
2ᵉ pers. du sing. et du plur.	BV seule **Eat** (your apple)! *Mange(z) (ta/votre pomme) !*	Don't + BV **Don't eat** (your apple)! *Ne mange(z) pas (ta/votre pomme) !*
Autres personnes	Let + PPC + BV **Let me eat** (my apple)! *Que je mange (ma pomme) !* **Let her/him/it eat** (her / his / its apple)! *Qu'elle / il mange (sa pomme) !* **Let us / Let's (contractée) eat** (our apple)! *Mangeons (notre pomme) !* **Let them eat** (their apple)! *Qu'ils/elles mangent (leur pomme) !*	Let + PPC + not + BV **Let me not eat** (my apple)! *Que je ne mange pas (ma pomme) !* **Let her/him/it not eat** (her / his / its apple)! *Qu'elle / il ne mange pas (sa pomme) !* **Let's not eat** (our apple)! *Ne mangeons pas (notre pomme) !* **Let them not eat** (their apple)! *Qu'ils ne mangent pas (leur pomme) !*

Utilisations

Selon le contexte, il est utilisé pour :

- donner des ordres ou des consignes (recette, notice), soit par l'intermédiaire d'un tiers (**let him do this / that** = *qu'il fasse ceci / cela*) ou directement avec les 2ᵉ pers. du sing. et plur. (**do this / that!** = *faites ceci / cela !*)

- pour formuler des suggestions ou des invitations (**let's do this / that!** = *faisons ceci / cela !*). **Let them come with us** = *qu'ils viennent avec nous !*). Vous connaissez certainement déjà l'expression **let's go!** = *allons-y !*

3 Complétez les espaces par le pronom qui convient   ●●

1. I need this book. Give .... to .... !

2. The box is heavy for Amy. Help .... !

3. His brothers are not nice. I don't trust ....

4. Let .... go to the restaurant tonight!

Banque de mots

again [ᵉᵘ'gèn] (*encore*)

church ['tcheutch] (*église*)

funny ['feuni] (*drôle*)

mobile ['mᵉᵘ-oubaïl] (*téléphone portable*)

onion ['oniᵉᵘn] (*oignon*)

pepper ['pèpᵉᵘʳ] (*poivre*)

post office ['pᵉᵘ-oust 'ofis] (*bureau de poste*)

salt ['sôlt] (*sel*)

station ['stèïchᵉᵘn] (*gare*)

to believe [bi'liv] (*croire*)

to boil ['boïl] (*faire bouillir*)

to call ['kôl] (*appeler*)

to chop ['tchop] (*émincer*)

to forgive [fᵉᵘ'giv] (*pardonner*)

to give + PPC + COD* ou **to give + COD + to + PPC** ['giv] (*donner... à...*)

to grate ['grèït] (*râper*)

to help ['Hèlp] (*aider*)

to laugh ['laf] (*rire*)

to listen ['lisᵉᵘn] **to + ppc** (*écouter quelqu'un*)

to look at ['louk ᵉᵘt] **+ ppc** (*regarder quelqu'un*)

to meet ['mit] (*se rejoindre, se retrouver*)

to need ['nid] (*avoir besoin de*)

to peel ['pil] (*éplucher*)

to pour ['pôʳ] (*verser*)

to remember [ri'mèmbᵉᵘʳ] (*se souvenir de*)

to simmer ['simᵉᵘʳ] (*mijoter*)

to spread ['sprèd] (*étaler*)

to tell ['tèl] (*dire à*)

to trust ['treust] (*faire confiance*)

to try ['traï] (*essayer*)

to worry ['ouᵉᵘri] (*s'inquiéter*)

truth ['trouTH] (*vérité*)

* complément d'objet direct

4 Remettez les éléments dans l'ordre pour former des phrases pertinentes, puis proposez une traduction

Phrases	Ordre	Traduction
1. hand / me / your / give!		
2. day / a / have / nice!		
3. the / us / station / meet / let / at!		
4. teacher / to / them / listen / the / let!		
5. office / go / not / him / post / let / the / to!		
6. cat / look / beautiful / at / the!		
7. Sundays / to / go / on / chuch!		

5 Indiquez les instructions culinaires illustrées ci-dessous (directives à la 2e pers. sing.)

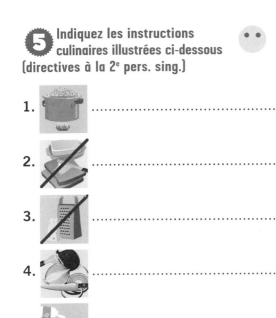

1. ....

2. ....

3. ....

4. ....

5. ....

6 Traduisez les phrases ci-dessous

1. Essaie encore !
....

2. Ne regardons pas ce film ce soir !
....

3. Pardonne-le !
....

4. Faisons confiance à Emma !
....

5. Dis-moi la vérité !
....

6. Prenons du fromage !
....

7. Appelle-moi sur mon portable !
....

8. Ne riez pas, ce n'est pas drôle !
....

9. Ne t'inquiète pas !
....

Les intonations de phrases

En anglais, il existe plusieurs intonations de phrases. Pour l'instant, contentons-nous des deux schémas de base : l'**intonation montante** et l'**intonation descendante**. Elle est montante pour les questions fermées (auxquelles on répond par oui ou non). Elle est descendante pour les phrases à l'impératif et les questions ouvertes commençant par un interrogatif en wh- (**why, where, who, what, when**). Sachez aussi dès maintenant qu'elle est aussi descendante pour les phrases affirmatives évoquant des faits et informations neutres.

7 Indiquez par une flèche montante ou descendante l'intonation qu'il faut prendre lorsque l'on prononce les phrases ci-dessous

1. Don't watch TV!

2. Do you like bacon?

3. Where are my glasses?

4. Berlin is the capital of Germany.

5. Is it sunny today in Paris?

6. Why is she crying?

Bravo, vous êtes venu à bout de ce chapitre ! Il est maintenant temps de comptabiliser les icônes et de reporter le résultat en page 128 pour l'évaluation finale.

Savoir utiliser les deux structures verbales de base

Le gérondif

- Selon les verbes et/ou leur contexte d'utilisation, il faut tantôt les utiliser au gérondif ou à l'infinitif.

- **Formation : BV + -ing** (ex. : eating). Pour les verbes se terminant en **-e**, celui-ci « saute » (ex. : love → loving).

- **Utilisations :** le gérondif donne une valeur nominale au verbe, celui-ci s'utilise comme un nom ou un infinitif français, quand celui-ci peut être remplacé par l'expression **le fait de** (ex. : **singing** = *le fait de chanter / le chant*, **smoking** = *le fait de fumer / le tabagisme*, **playing football** = *le fait de jouer au foot*, l'activité en elle-même et non l'action). Ainsi, on passe souvent par un gérondif pour parler de ses activités de loisirs (ex. : **swimming** = *la natation*, **reading** = *la lecture*, etc.). Ce gérondif peut avoir fonction de sujet (ex : **smoking is dangerous** = *fumer / le fait de fumer / le tabagisme est dangereux*), ou de complément

(ex. : **she loves running** = *elle adore courir / la course à pieds*). Le verbe **to do** (*faire*) est souvent utilisé avec un gérondif (ex. : **to do the shopping** = *faire les courses*, **to do the cooking** ['kouking] = *faire la cuisine / cuisiner*, **to do the washing-up** ['ouo-ching ^{eu}p] = *faire la vaisselle*).

- **On l'emploie après :**

- les verbes de commencement ou de fin : to begin [bi'gin], to stop ['stop], et les verbes exprimant les goûts et émotions : to like, to love, to hate

- les prépositions **with**, **without**, **after**, **before**

- les expressions **I don't mind** [aï d^{eu}-ount 'maïnd] (*cela ne me dérange pas*), **I can't help** [aï kät 'Hèlp] (*je ne peux pas m'empêcher de*), **I can't stand** [aï kät 'stand] (*je ne supporte pas de*)

- **what about** [ouot ^{eu}'ba-out], **how about** [Ha-ou ^{eu}'ba-out] (*et si on... ? pourquoi ne pas... ?*), pour proposer une activité.

Banque de mots

a foreign language ['for^{eu}n 'langouidj] (*une langue étrangère*)

after ['âft^{eur}] (*après*)

asset ['asèt] (*atout*)

before [bi'fô^r] (*avant*)

to cook ['kouk] (*cuisiner*)

to cycle ['saïk^{eu}l] (*faire du vélo*)

to dance ['dãns] (*danser*)

to draw ['drô] (*dessiner*)

to fish ['fich] (*pêcher*)

to garden ['gâd^{eu}n] (*faire du jardinage*)

to paint ['pèïnt] (*peindre*)

to park ['pâk] (*se garer*)

to roller-skate ['r^{eu}-oul^{eu} skèït] (*faire du roller*)

to smoke ['sm^{eu}-ouk] (*fumer*)

to speak ['spik] (*parler*)

to take pictures ['tèïk 'piktch^{eu}z] (*prendre des photos*)

to travel ['trav^{eu}l] (*voyager*)

to use phones ['iouz 'f^{eu}-ounz] (*utiliser des téléphones*)

to wait ['ouèït] (*attendre*)

tonight [t^{eu}'naït] (*ce soir*)

1 Décollez les mots ci-dessous et placez-en 6 à côté de l'illustration qui leur correspond.

cryingdancingwearingcyclingwritingeatingcookingcomingfishingtakingexercisingpaintingdrawinggoing

1.  ....

3.  ....

5.  ....

2. 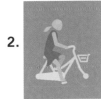 ....

4.  ....

6. ....

2 Décrivez les panneaux ci-dessous en utilisant l'impératif et le gérondif

1. .... / ....

2. .... / ....

3. .... / ....

4. .... / ....

5. .... / ....

6. .... / ....

3 Quelle activité aiment-ils ou détestent-ils faire ?

	déteste	adore
John		
Sean		
Liam		
Heather		
Sarah		
Anna		

Complétez les espaces

1. John loves

....

2. Sarah hates

....

3. Anna loves

....

4. Heather hates

....

5. Liam loves

....

6. Sean loves

....

Posez la question et répondez-y

7. John / détester ?

.... /

....

8. Liam / détester ?

.... /

....

9. Heather / adorer ?

.... /

....

10. Sarah / adorer ?

.... /

....

11. Anna / détester ?

.... /

....

12. Sean / détester ?

.... /

....

Anglicismes fautifs sur les gérondifs

Dans la vie courante, nous employons beaucoup de mots anglais. Malheureusement, il arrive qu'on les utilise dans un sens différent de ce qu'ils signifient en anglais (voir ex. 4) ! Cela est particulièrement vrai pour les noms gérondifs.

4 Détachez les mots ci-dessous (traductions correctes de nos anglicismes fautifs) et placez-les au bon endroit

campsiterunschedulemakeovercarparktracksuitdrycleaner'sdinnersuit

1. Un **parking** ne se dit pas *parking*, mais : a ....

2. Un **planning** ne se dit pas *planning* mais : a ....

3. Un **pressing** ne se dit pas *pressing* mais : a ....

4. Un **smoking** ne se dit pas *smoking* mais : a ....

5. Un **footing** ne se dit pas *footing* mais : a ....

6. Un **camping** ne se dit pas *camping* mais : a ....

7. Un **jogging** (survêtement) ne se dit pas *jogging* mais : a ....

8. Un **relooking** ne se dit pas *relooking* mais : a ....

L'infinitif

• **Formation :** to + BV à la **FA** (ex. : you need to eat) et **not to + BV à la FN** (ex. : she does not want to eat, *elle ne veut pas manger*).

• **Utilisations :** quand le verbe est orienté vers la réalisation d'une action, cette forme exprime particulièrement l'idée de but (ex. : I'm going to drink some milk). Si l'on compare **I want to play football** et **I like playing football,** dans le 1er cas c'est l'action, l'intention et le but qui sont mis en avant, dans le 2nd c'est l'activité (le foot, et non une autre activité).

• **On l'emploie après :**
- de très nombreux verbes. Citons parmi ceux qui vous connaissez déjà : *need, want, hope, tell.*

- les adjectifs exprimant une émotion comme **happy, sad** (ex. : I'm sad to see she's sick, *je suis triste de voir qu'elle est malade*).
- les pronoms interrogatifs **who, what, where, when** (mais pas **why**. Ex. : I don't know what to do, *je ne sais pas quoi faire*).

• **Autre emploi :** pour traduire le subjonctif français. Ainsi, pour exprimer le désir que quelqu'un fasse quelque chose, on utilisera la structure suivante : **verbe + PPC + infinitif** (ex. : *je veux que tu manges* = **I want you to eat**).

5 Reliez chaque début de phrase à la fin qui lui correspond

1. Gardening is a very •
2. I need some eggs •
3. My sister doesn't like •
4. I'm very happy •
5. How about •
6. She wants us •
7. Stop •
8. I don't mind •
9. I don't know when •
10. We hope •

• **a.** to go running with her.
• **b.** to start dinner, 9 p.m.?
• **c.** to be here with you!
• **d.** cooking at all.
• **e.** to see you tonight!
• **f.** natural activity.
• **g.** smoking in the house!
• **h.** to make a cake.
• **i.** eating Italian again tonight.
• **j.** going to the zoo?

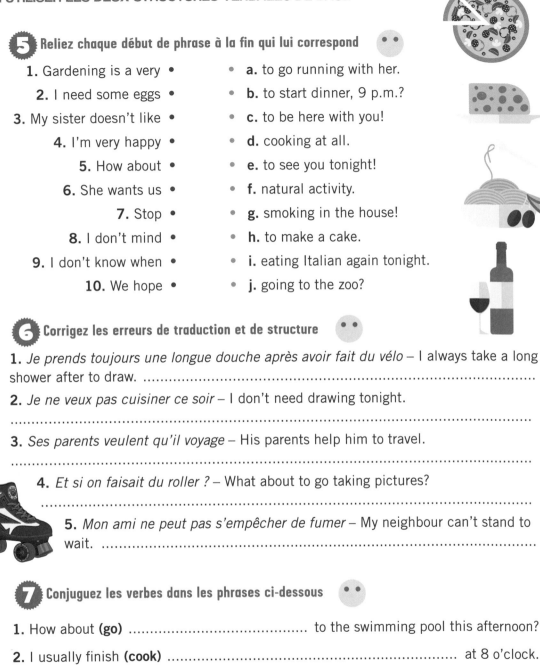

6 Corrigez les erreurs de traduction et de structure

1. *Je prends toujours une longue douche après avoir fait du vélo* – I always take a long shower after to draw. ....

2. *Je ne veux pas cuisiner ce soir* – I don't need drawing tonight.
....

3. *Ses parents veulent qu'il voyage* – His parents help him to travel.
....

4. *Et si on faisait du roller ?* – What about to go taking pictures?
....

5. *Mon ami ne peut pas s'empêcher de fumer* – My neighbour can't stand to wait. ....

7 Conjuguez les verbes dans les phrases ci-dessous

1. How about **(go)** .... to the swimming pool this afternoon?

2. I usually finish **(cook)** .... at 8 o'clock.

3. I like **(travel)** .... but I don't know where **(go)** ....

4. The doctor is happy **(tell)** .... the patient ['pèïch^{eu}nt] is now fine.

5. Peel the potatoes without **(chop)** .... them.

8 Traduisez les phrases ci-dessous ••

1. Parler une langue étrangère est toujours un atout.

....

2. Mon frère veut utiliser son téléphone.

....

3. Je ne peux pas m'empêcher de chanter.

....

4. Son professeur veut qu'il dessine un chat.

....

Le h : aspiré ou non ?

En avant-propos, nous précisions que le **h** en position initiale d'un mot était **aspiré** car c'est presque toujours le cas. Il est d'ailleurs important de bien marquer cette aspiration car dans le cas contraire, il existe beaucoup de quasi homophones avec lesquels on pourrait confondre ces mots.

9 Complétez les espaces avec les mots fournis et entraînez-vous à prononcer •• les paires minimales [II]/[ʊ] créées

hate, hair, and, at, I, ham, eight, hat, hand, am

1. Hi (*salut*) et .... (*je*)

2. .... (*détester*) et .... (*huit*)

3. .... (*main*) et .... (*et*)

4. .... (*jambon*), et .... (*suis*)

5. .... (*chapeau*) et .... (*à*)

6. .... (*cheveux*) et **air** (*air*)

- Notez cependant qu'il existe quelques mots dont le **h initial** est muet : dans hour (*heure*), heir (*héritier*), honest(y), honour
- On utilise l'article **a** avant les noms dont le h est aspiré et **an** devant ceux dont le h est silencieux

10 Complétez les espaces par A ou AN ••

1. ..... horse

2. ..... hour

3. ..... house

4. ..... hug (*câlin*)

5. ..... honest man

6. ..... head

Bravo, vous êtes venu à bout de ce chapitre ! Il est maintenant temps de comptabiliser les icônes et de reporter le résultat en page 128 pour l'évaluation finale.

14

Exprimer des événements futurs

• Il existe 4 manières principales d'exprimer une action future :

	Formation	Utilisation
to be going to [ˈgᵉᵘ-ouing tᵉᵘ]	**Be conjugué + going to + BV** (ex. : They're going to sleep. / Are you going to sleep? / She's not going to sleep.)	• action certaine et prévue dans un futur proche (*je vais…*) • déduction à partir des circonstances (ex. : the sky is grey, it's going to rain)
présent ING	Vous savez le faire depuis le chapitre 5 !	Pour une action future si la décision est prise et organisée. On mentionne souvent une date, une heure, un jour (ex. : she's eating with me on Sunday).
will [ouil] **won't** [ouont]	**Will + BV** **Will** est un auxiliaire, il n'a **pas d'infinitif** et se conjugue de la **même façon à toutes les personnes** : • **FA** : I … they **WILL + BV**. Forme contractée : I … they**'ll** (ex. : I will come / I'll come) • **FN** : I … they **WILL NOT + BV**. Forme contractée I … they **won't** (ex. : they will not eat/won't eat) • **FI** : **WILL** I … they **+ BV?** (ex. : will she swim?) On répond par **yes, I… they will** ou **no, I… they will not / won't**. Pas de forme contractée quand la réponse est affirmative. S'il y a un interrogatif, il se place en début de phrase (ex. : why will you come ? Where will you sleep?) Cas particulier de **who** : **who + will + BV** (ex. : **who will come?** = Qui va venir ?)	• action avec intention / volonté • décision prise au moment où on l'énonce • pour les actions sous condition (ex. : I will drink if I'm thirsty)
présent simple	Vous savez le faire depuis le chapitre 9 !	événement / horaire planifié par un agent extérieur (horaire de train, programme, etc. Ex. : the concert starts at 10)

- Nous avons vu au chapitre précédent que l'on pouvait faire une suggestion en utilisant **how / what about + ing** ou **let's + BV**. Il existe aussi une autre manière de proposer quelque chose : en utilisant **shall**. Cette structure ne s'utilise qu'à la 1ʳᵉ personne (ex. : **shall we dance?** = *Voulez-vous danser ?* / *Et si on dansait ?* / **Shall I make some tea?** = *Voulez-vous que je fasse du thé ?*).

Banque de mots

camera ['kamrᵉᵘ] (*appareil photos*)
duck ['deuk] (*canard*)
late ['lèït] (*en retard*)
next + nom ['nèkst] (*prochain*)
pill ['pil] (*cachet*)
postcard ['pᵉᵘ-oustkâd] (*carte postale*)
present ['prèzᵉᵘnt] (*cadeau*)
soon ['soun] (*bientôt*)
to buy ['baï] (*acheter*)
to catch ['katch] (*attraper*)
to clean ['klin] (*nettoyer*)

to die ['daï] (*mourir*)
to feed ['fid] (*nourrir*)
to get married ['gèt 'marid] (*se marier*)
to hunt ['Heunt] (*chasser*)
to hurry up ['Heuri ᵉᵘp] (*se dépêcher*)
to send ['sènd] (*envoyer*)
to study ['steudi] (*étudier*)
together [tᵉᵘ'gèDHᵉᵘr] (*ensemble*)
tomorrow [tᵉᵘ'morᵉᵘ-ou] (*demain*)
year ['ji-ᵉᵘr] (*année*)

1 Détachez les mots au bon endroit pour isoler 4 phrases, puis placez celles-ci à côté des illustrations qui leur correspondent ● ●

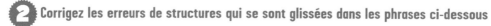

he'sgoingtocleanthebathroomshe'sgoingtostudyhe'sgoingtohuntshe'sgoingtobuyacamera

1.  ....

3.  ....

2.  ....

4. ....

2 Corrigez les erreurs de structures qui se sont glissées dans les phrases ci-dessous ● ●

1. The conference will starts at 4 o'clock.

2. I go to the swimming pool this afternoon.

3. She will helping you if she has time.

4. Shall we to go to the pub?

5. They going to buy a new car next week.

3 **RIGHT OR WRONG?** Cochez la bonne case et corrigez les affirmations fautives si nécessaire

	Description	Right or Wrong	Correction
1.	He's going to wash his feet	R W	
2.	She's going to feed the ducks	R W	
3.	It's going to eat	R W	
4.	She's going to hunt	R W	
5.	He's going to study	R W	

4 Complétez les phrases avec la forme de futur la mieux adaptée

1. - Do you want to wear this shirt?
  - I don't know. Ok, I .... **(wear)** it!

2. I **(run)** .... a marathon next Monday.

3. I **(buy)** .... a postcard if I have some change!

4. She's wearing her tracksuit. She **(run)** ....

5. I **(clean)** .... the fridge if you want me to.

5 Donnez 3 manières de suggérer d'inviter les voisins
(INVITE – THE NEIGHBOURS – TO DINNER)

1. S.................... we .... ?

2. H.... /W .... about .... ?

3. L...................'s .... !

6 Posez les questions qui permettent d'obtenir les réponses ci-dessous

1. .... ? Oh <u>yes</u>! Let's feed the ducks!

2. .... ? The play starts at <u>midnight</u>.

3. .... ? Tom <u>is not coming</u> to dinner.

4. .... ? I'm going to send her a card <u>because it's her birthday.</u>

5. .... ? <u>No, I won't</u> study with you.

7 Reliez chaque début d'énoncé à la fin qui lui correspond

1. I don't know what to eat. Oh well, •

2. It's very cloudy, •

3. My sister •

4. I'm going to buy •

5. It's cold. Shall •

6. He'll •

7. We're •

• **a.** is getting married in July.

• **b.** going to the cinema with our friends tomorrow

• **c.** we have some tea?

• **d.** a present for her birthday!

• **e.** die* if he doesn't take his pills.
* mourir

• **f.** I'll have a steak!

• **g.** it's going to rain soon!

8 Traduisez les phrases ci-dessous

1. Je dormirai de 9 h à 11 h si je suis fatigué.

....

2. Je vais en Espagne le 23 avril.

....

EXPRIMER DES ÉVÉNEMENTS FUTURS

 9 Traduisez la conversation ci-dessous

Angela – Tu fais quoi ce soir ?

Angela – ....

Francis – Je vais au cinéma, et si on y allait ensemble ?

Francis – ....

Angela – Je ne viendrai pas si c'est un film romantique !

Angela – ....

Francis – C'est un thriller !

Francis – ....

Angela – Ok, je viens alors. Tu pars quand ?

Angela – ....

Francis – Bientôt, le film commence à 9 h.

Francis – ....

Angela – Tu prends un parapluie ?

Angela – ....

Francis – Oui, il va pleuvoir.

Francis – ....

Angela – Es-tu prêt ? Dépêche-toi, on va être en retard !

Angela – ....

Les mots de liaison servent à lier les phrases entre elles de manière logique, en indiquant des liens de cause, de conséquence, d'opposition, etc. (vous connaissez déjà **but** et **if**).

Ils peuvent bien sûr s'utiliser avec tous les temps.
as well / too [az ouèl] / [tou] (*aussi*) se placent en fin de phrase.
in spite of [in spaït ᵉᵘv] + nom : *en dépit de*

not + verbe + **anymore** [not èni'môʳ] : *ne plus* + verbe
unless [ᵉᵘn'lès] + sujet + BV : *à moins que*
because [bi'koz] (*parce que*)
so [sᵉᵘ-ou] (*donc*)

---

 10 Entourez le mot de liaison qui convient

1. My daughter never drinks milk **so** – **unless** – **but** – **because** she is allergic to it.

2. I don't like coffee **but** – **unless** – **in spite of** – **as well** I love tea.

3. **not anymore** – **too** – **in spite of** – **so** the rain, the children are going to play football.

4. **unless** – **but** – **if** – **as well** you go to the supermarket, buy some bread.

5. **because** – **unless** – **but** – **too** you hurry up, you will be late.

6. I do not smoke **unless** – **if** – **too** – **anymore**.

7. I play the piano and I play the guitar **as well/too** – **unless** – **so** – **not anymore**.

8. He is a very nice boy, **if** – **unless** – **as well** – **so** he will help you.

Les lettres silencieuses (1/2)

Il arrive parfois que certaines lettres ne se prononcent pas. Découvrez les cas les plus fréquents et utiles ci-dessous.

B	Silencieux dans la graphie **mb**, en particulier de fin de mot (ex. : comb ['keu-oum], *peigne*, plumber ['pleumeur]) et avant un **t** (ex. : debt ['dèt], *dette*)
C	Silencieux dans les mots se terminant en **scle** et ceux contenant **sci** (ex. : muscle ['meuseul], science ['saïeuns])
D	Silencieux quand il se trouve entre 2 C (ex. : handkerchief ['Hankeutchif] (*mouchoir*), sandwich ['sanouitch])
G	Souvent silencieux dans la graphie **gn** (ex. : champagne ['tchampèïn], design [di'saïn]). Notez que le **gh** est silencieux après une voyelle (ex. : daughter ['dôteur], light ['laït]) et que la graphie **gh** se prononce **f** en fin de mot (ex. : laugh ['laf])
K	Silencieux dans la graphie **kn** en début de mot (ex. : knife ['naïf], know ['neu-ou])
L	Silencieux devant les lettres **m, k, f** (ex. : calm ['kâm], walk ['wôk], half ['Hâf])

11 Entourez la bonne prononciation

1. *doute* → **doubt**	**a.** ['da-out]	**b.** ['da-oubt]	**c.** ['da-oub]
2. *signe* → **sign**	**a.** ['saïg]	**b.** ['saïgn]	**c.** ['saïn]
3. right	**a.** ['raïgt]	**b.** ['raït]	**c.** ['raï]
4. *craie* → **chalk**	**a.** ['tchôl]	**b.** ['tchôlk]	**c.** ['tchôk]
5. *sublil* → **subtle**	**a.** ['seuteul]	**b.** ['seubteul]	**c.** ['seubeul]
6. *pouce* → **thumb**	**a.** ['THeumb]	**b.** ['THeum]	**c.** ['THeub]
7. *ciseaux* → **scissors**	**a.** ['kizeuz]	**b.** ['skizeuz]	**c.** ['sizeuz]
8. *frapper à la porte* → **knock**	**a.** ['knok]	**b.** ['nok]	**c.** ['kok]
9. *muet* → **dumb**	**a.** ['deumb]	**b.** ['deum]	**c.** ['deub]
10. *saumon* → **salmon**	**a.** ['sâmeun]	**b.** ['sâlmeun]	**c.** ['sâmeu]
11. knee	**a.** ['kni]	**b.** ['ni]	**c.** ['ki]

12 RIGHT OR WRONG?

1. enough (*assez*) et **cough** (*toux*) riment avec **decaf** (*café décaféiné*) .... Ⓡ Ⓦ

2. Le **gh** se prononce pareil dans **enough**, **cough** et **night** .... Ⓡ Ⓦ

Bravo, vous êtes venu à bout de ce chapitre ! Il est maintenant temps de comptabiliser les icônes et de reporter le résultat en page 128 pour l'évaluation finale.

15

Exprimer des événements passés, terminés et coupés du présent

Pour exprimer des événements **passés et terminés**, on emploie un temps qui s'appelle le **prétérit**.

Formation

Il existe deux cas de figure, selon que le verbe est dit **régulier** ou **irrégulier**.

• FA

Verbes réguliers

BV + -ed à toutes les personnes (ou **-d** si le verbe termine par un **-e**. Ex. : I cook → I cook**ed**, she hopes → she hop**ed**). Si le verbe se termine par **-y**, la marque du prétérit sera **-ied** (ex. : they worry → they worr**ied**), sauf si le **-y** est précédé d'une V (ex. : we play → we play**ed**).

Verbes irréguliers

Le prétérit et le participe passé (pp) du verbe sont des formes fixes à apprendre

Cas à part à apprendre : le verbe to be

(nous vous conseillons d'apprendre le pp en même temps, car vous en aurez besoin pour apprendre un autre temps au chapitre 18).

• FI et FN : Nous avons besoin de l'auxiliaire **do** au prétérit : **did** [did]

FN : sujet + did + not + BV ou en forme contractée **sujet + didn't** [did^{eu}nt] **+ BV** (ex. : I … they **did not** run / I … they **didn't** run)

FI : did + sujet + BV (ex. : **did** I … they go?). Comme pour les autres temps, on ne répond pas à une question au prétérit par **yes** ou **no** tout court (ex. : did you see Anna yesterday? No, I did not / didn't – Yes, I did). S'il existe un interrogatif, on le place en début de phrase (ex. : **what did you do?** = *qu'as-tu fait ?* **Where did you go?** = *où es-tu allé ?*). Avec **who** : sujet + verbe au prétérit (ex. : **who cooked?** = *qui a cuisiné ?*)

FA	FI	FN pleine	FN contractée
I **was** ['ouoz]	**was** I?	I **was not**	I **wasn't** ['ouoz^{eu}nt]
you **were** ['oueu^r]	**were** you?	you **were not**	you **weren't** ['oueunt]
she / he / it **was**	**was** she / he / it?	she / he / it **was not**	she / he / it **wasn't**
we, you, they **were**	**were** we, you, they?	we, you, they **were not**	we, you, they **weren't**

Utilisation

• On utilise ce temps pour parler d'une action passée et terminée (coupée du présent).
• Notez que l'action est la plupart du temps datée ou associée à un marqueur de temps passé comme *hier, la semaine dernière, il y a x jours, en 1999*, etc. (ex. : I bought a car yesterday/last week/in 2012). Si l'action n'est pas datée, il est évident qu'elle renvoie au passé (ex. : the

Greeks invented democracy = *les Grecs ont inventé la démocratie*).

• Parmi les verbes que vous avez croisés jusqu'à présent dans ce cahier, voilà ceux qui sont irréguliers. Par défaut, ceux qui ne figurent pas dans ce tableau sont donc à considérer comme réguliers. Sont énumérés dans cet ordre : infinitif, prétérit, participe passé (pp).

To be,
I was ['ouoz], been ['bin]

To begin,
I began ['bigan], begun ['bigeun]

To break ['brèïk], *(casser)*
I broke ['br^{eu}-ouk], broken ['br^{eu}-ouk^{eu}n]

To buy,
I bought ['bôt], bought ['bôt]

To catch,
I caught ['kôt], caught ['kôt]

To choose ['tchouz], *(choisir)*
I chose ['tch^{eu}-ouz], chosen ['tch^{eu}-ouz^{eu}n]

To come,
I came ['kaïm], come ['keum]

To do, *(faire)*
I did ['did], done ['deun]

To draw,
I drew ['drou], drawn ['drôn]

To drink,
I drank ['drank], drunk ['dreunk]

To drive,
I drove ['dr^{eu}-ouv], driven ['driv^{eu}n]

To eat,
I ate ['èït], eaten ['it^{eu}n]

To feed,
I fed ['fèd], fed ['fèd]

To forgive, *(pardonner)*
I forgave [f^{eu}'gèïv], forgiven [f^{eu}'giv^{eu}n]

To get up,
(se lever)
I got ['got] up, got ['got] up

To give,
I gave ['gèïv], given ['giv^{eu}n]

To go,
I went ['ouènt], gone ['geun]

To have,
I had ['Had], had ['Had]

To hear,
I heard ['Heud], heard ['Heud]

To help,
I helpt* ['Hèlpt], helpt* ['Hèlpt]

To know,
I knew ['niou], known ['n^{eu}-oun]

To make,
I made ['mèïd], made ['mèïd]

To read,
I read ['rèd], read ['rèd]

To run,
I ran ['ran], run ['reun]

To say [sèï], *(dire)*
I said ['sèd], said ['sèd]

To see, *(voir)*
I saw ['sô], seen ['sin]

To send,
I sent ['sènt], sent ['sènt]

To sing ['sing],
I sang ['sang], sung ['seung]

To sleep,
I slept ['slèpt], slept ['slèpt]

To speak,
I spoke ['sp^{eu}-ouk], spoken ['sp^{eu}-ouk^{eu}n]

To spread,
I spread ['sprèd], spread ['sprèd]

To swim,
I swam ['souam], swum ['soueum]

To take,
I took ['touk], taken ['tèïk^{eu}n]

To tell, *(dire à)*
I told ['t^{eu}-ould], told ['t^{eu}-ould]

To teach, *(enseigner)*
I taught ['tôt], taught ['tôt]

To think,
I thought ['THôt], thought ['THôt]

To understand,
I understood [eund^{eu}'stoud], understood [eund^{eu}'stoud]

To wear,
I wore ['ouô^{r}], worn ['ouôn]

To write,
I wrote ['r^{eu}-out], written ['rit^{eu}n]

* helped, helped aux USA

$2 \times 1 = 2$ $2 \times 4 = 8$
$2 \times 2 = 4$ $2 \times 5 = 10$
$2 \times 3 = 6$ $2 \times 6 =$

EXPRIMER DES ÉVÉNEMENTS PASSÉS, TERMINÉS ET DATÉS

Banque de mots

beach ['bitch] (*plage*)

mistake [mis'tèïk] (*erreur*)

mountain ['ma-ountin] (*montagne*)

• **Mots du passé :**

ago [ᵉᵘ'gᵉᵘ-ou] : *il y a...* (ex. : **2 days ago** = *il y a 2 jours*)

last week ['last 'ouik] (*la semaine dernière*)

last month ['last 'meunTH] (*le mois dernier*)

last year (*l'année dernier/ière*)

yesterday ['ièstᵉᵘdèï] (*hier*)

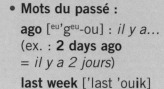

1 Entourez les verbes irréguliers

write – catch – see – hope – hear – begin – watch – hate – like – love – break – cook – tell – finish – believe – drive – trust – remember

2 Entourez la bonne forme de TO BE, puis passez la phrase à la forme interrogative et négative contractée

1. I was – were tired. ....

2. We was – were happy. ....

3. He was – were old. ....

3 Placez ces prétérits à côté des infinitifs qui leur correspondent

spoke, had, heard, thought, went, gave, wore

1. think ....   **5.** go ....

2. give ....   **6.** wear ....

3. have ....   **7.** speak ....

4. hear ....

4 Décrivez ce que John a fait ce matin, en choisissant le bon verbe/nom

brushed – hair – toast – got up – washed – drank

1. He .... at 6.   **3.** He ate ....   **5.** He .... his[1] teeth.

2. He .... tea.   **4.** He .... his[1] hands.   **6.** He combed[2] his[1] ....

1. En anglais, on utilise le possessif (et non l'article défini) avec les parties du corps placées en position de COD.
2. to comb = *peigner*

5 Reliez chaque début de phrase à la fin qui lui correspond

1. Did you •
2. My grandparents went •
3. Sandy's mother •
4. I did not •
5. My neighbour's son •

• a. made a cake for her birthday.
• b. broke his leg two days ago.
• c. to Spain last year.
• d. see my brother yesterday?
• e. understand the lesson well.

6 Corrigez les erreurs dans les formes verbales

1. I catched the flu last year.

2. I did not cooked dinner tonight.

3. They was very sick last month.

4. Do you saw Patrick at the station?

5. She singed an Irish song.

6. Who did drove?

7 Placez les indicateurs temporels ci-dessous dans la section qui leur correspond

next year, yesterday, last week, today, in a week, 2 days ago, tomorrow, now

16

Past ['past] (*passé*)	Present ['prèseunt] (*présent*)	Future ['fioutcheur] (*futur*)
....	....	....
....	....	....
....	....	....

8 Conjuguez les verbes au prétérit

1. We **(not – go)** ....
to the beach last summer.

2. .... your son ....
(like) spinach when he .... **(be)**
a child?

3. .... Paul and Henry .... **(buy)**
a new car last week?

4. I **(work)** in England .... in 1999.

5. Jenny **(call)**................. me yesterday.

6. He ....**(make)** many mistakes
in his letter.

9 Qu'ont-ils fait hier ? Répondez aux questions en apportant les éventuelles précisions nécessaires

5. Did he watch a film?
....

4. Did she break a glass?
....

1. Did he go to the beach?
....

3. Did he read a book?
....

2. Did she drink a glass of water? ....

On utilise aussi le prétérit pour former le **discours rapporté** (il a dit que + proposition au passé...). On le forme ainsi : **sujet + said + that** (optionnel pour traduire *que*) **+ proposition au prétérit** (ex. : *ils ont dit qu'ils détestaient le fromage* = **they said (that) they hated cheese**).

10 Transposez les exemples 1 et 2 au discours rapporté et faites l'inverse pour 3 et 4 (faites attention à bien adapter les pronoms !)

1. « I trust my son »

→ She ....

2. « I speak Spanish »

→ He ....

3. He said that he didn't like tea

→ « .... »

4. She said that she needed my pen

→ « .... »

 **Traduisez les phrases ci-dessous**

1. Shakespeare a écrit Hamlet en 1601.

....

2. Pourquoi étais-tu fatigué ce matin ?

....

3. Nous n'avons pas bien dormi hier soir.

....

4. Ma sœur m'a pardonné il y a dix ans.

....

5. Où as-tu acheté les citrons ?

....

6. Il a dit que son nom n'était pas *Miller* mais *Millet.*

....

La prononciation du -ed

Le -ed peut se prononcer de 3 manières différentes :

- [id] après les sons [d] et [t]

- [t] s'il est trop difficile de prononcer [d], comme c'est le cas après les sons [p], [k], [f], [s] et [tch]

- [d] après les autres consonnes

12 Entourez la bonne prononciation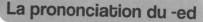

1. wanted	**a.** ['ouãntid]	**b.** ['ouãnt]	**c.** ['ouãnd]
2. liked	**a.** ['laïkid]	**b.** ['laïkt]	**c.** ['laïkd]
3. loved	**a.** ['leuvid]	**b.** ['leuvd]	**c.** ['leuvt]
4. hated	**a.** ['Hèïtd]	**b.** ['Hèït]	**c.** ['Hèïtid]
5. smoked	**a.** ['sm^eu-oukid]	**b.** ['sm^eu-oukt]	**c.** ['sm^eu-oukd]
6. worked	**a.** ['oueukt]	**b.** ['oueukd]	**c.** ['oueukid]
7. called	**a.** [kôlt]	**b.** [kôlid]	**c.** [kôld]
8. painted	**a.** ['pèïntid]	**b.** ['pèïnt^eud]	**c.** ['pèïnt]
9. cooked	**a.** ['koukt]	**b.** ['koukid]	**c.** ['koukd]
10. cleaned	**a.** ['klinid]	**b.** ['klint]	**c.** ['klind]
11. believed	**a.** [bi'livd]	**b.** [bi'livid]	**c.** [bi'livt]
12. trusted	**a.** ['treust]	**b.** ['treustid]	**c.** ['treusd]
13. turned	**a.** ['teunt]	**b.** ['teunid]	**c.** ['teund]
14. waited	**a.** ['ouèïtid]	**b.** ['ouèït^eud]	**c.** ['ouèïtd]

Bravo, vous êtes venu à bout de ce chapitre ! Il est maintenant temps de comptabiliser les icônes et de reporter le résultat en page 128 pour l'évaluation finale.

Exprimer la capacité, l'autorisation et l'obligation

- On utilise **CAN [kan]** au présent :
  - pour exprimer la **capacité** (savoir, pouvoir) et **l'autorisation** (pouvoir / être autorisé à)
  - avant les verbes de perception (to see, to hear*, to smell*. Ex. : je vois = I can see).

  * Notez que ces verbes sont irréguliers : to hear ['Hi-ᵉᵘʳ], I heard ['Heud], heard ['Heud] / to smell ['smèl], I smelt ['smèlt], smelt ['smèlt] (smelled ['smèld], smelled ['smèld] aux USA)

- On utilise **MUST [meust]** au présent pour l'**obligation** et l'**interdiction** ([ne pas] devoir).

- Ces auxiliaires dits « modaux » ne fonctionnent pas comme les verbes, ils n'ont **pas d'infinitif** et ont la **même conjugaison à toutes les personnes.**

	MUST	CAN
FA	**Obligation** « *il faut que..* », « *je dois...* » I ... they **must**	**Capacité, autorisation** « *je sais...* », « *je peux...* » I ... they **can**
FN	**Interdiction** I ... they **must not** [meust not] Forme contractée : I ... they **mustn't** ['meusᵉᵘnt]	**Incapacité ou absence d'autorisation** I ... they **cannot** [kanot]. Forme contractée : I ...they **can't** ['kãt]
FI	**Question sur l'obligation ou l'interdiction** **Must** I ... they?	**Question sur la capacité / autorisation ou demande polie, demande d'autorisation** **Can** I [kanaï] ... they?

- On y répond en reprenant l'auxiliaire : *yes I must / can* ou *no, I cannot / can't-must not / mustn't.*

- Comme d'habitude, s'il y a un mot interrogatif, on le place en début de phrase (ex. : What can you do? Where must you go?). Cas de **who : who + aux. modal + BV** (ex. : **who can swim? Who must call?** = *qui sait nager ? Qui doit appeler ?*).

Banque de mots

blind ['blaïnd] (*aveugle*)

cup ['keup] (*tasse*)

chess ['tchès] (*les échecs*)

deaf ['dèf] (*sourd*)

dumb ['deum] (*muet*)

FA + neither... nor ['naïDH^{eur} ... nô^r] (*ni... ni*)

FN + either... or ['aïDH^{eur} ... ô^r] (*ni... ni*)

forbidden [f^{eu}'bid^{eu}n] (*interdit*)

fork ['fôk] (*fourchette*)

glass ['glas] (*verre*)

knife ['naïf] (*couteau*)

loud ['la-oud] (*fort, à haute voix*)

napkin ['napkin] (*nappe*)

of course [^{eu}v 'kô ^{eu}s] (*bien sûr*)

plate ['plèït] (*assiette*)

please ['pliz] (*s'il vous plaît*)

several ['sèvr^{eu}l] (*plusieurs*)

spoon ['spoun] (*cuillère*)

to borrow ['bor^{eu}-ou] (*emprunter*)

to hear ['Hi-^{eur}] (*entendre*)

to open ['^{eu}-oup^{eu}n] (*ouvrir*)

to see ['si] (*voir*)

to smell ['smèl] (*sentir*)

window ['ouind^{eu}-ou] (*fenêtre*)

---

1 Demandez, puis dites si les personnages sont capables de faire ou non les actions illustrées, en utilisant CAN à la forme requise, NEITHER... NOR ou EITHER... OR, AND et BUT (inspirez-vous de la phrase 1, partiellement complétée)

	Robert	Helena
1.	X	√
2.	X	X
3.	√	X

1. What can Robert do?

He can ....,

but he can't ....

2. .... Helena .... ?

She .... ,but she

can ....

2 Complétez les phrases ci-dessous

1. She is ....

= she can't see

2. He is ....

= he can't speak

3. They are deaf

= they can't ....

3 Annotez le dessin ci-dessous

1. ....

2. ....

3. ....

4. ....

5. ....

6. ....

4 Complétez les bulles ci-dessous pour réclamer les ustensiles illustrés. Vous êtes maintenant capable de poser la question de 2 manières différentes : une avec le verbe TO GIVE (à utiliser en phrase 1) et une autre avec TO HAVE (à utiliser en phrase 2)

1.
....
....
....
please?

Here you are*

2.
....
....
....
please?

Here you are*

* voilà

5 Indiquez ce que vous ou Brenda (ne) pouvez / savez (pas) ou (ne) devez (pas) faire

	YOU	BRENDA
Sait	🎸	🎹
A le droit de	📱	📷
Ne sait pas		
Doit	📖	
Ne doit pas	🚭	

1. You can .... /
....

2. You can't ....
....

3. You must ....
....

4. You mustn't ....
....

5. Brenda can .... /
....

6. Brenda can't ....
....

7. Brenda must ....
....

8. Brenda mustn't ....
....

6 Interdit ou permis ? Formez des phrases complètes en utilisant MUSTN'T ou CAN

1. 📷 You ....

2. 📵 You ....

3. 🚭 You ....

4. 🍽 You ....

5. 🚲 You ....

7 Reformulez les deux énoncés ci-dessous à l'aide de l'impératif et du gérondif

1. You mustn't run – ....
   – ....

2. You mustn't dance – ....
   – ....

Présentez les deux personnages suivants en utilisant TO BE, le présent simple, HAVE GOT, CAN et MUST (aux formes appropriées) et les mots de liaison BUT et BECAUSE

1. Simon O'Brien. 45. Married. Irish. Dublin. Baker.

   Backache (*mal de dos*)→

....

....

2. Heather Green. 33. Single. American. Dallas. Teacher.

    Asthma →

....

....

Pour exprimer l'obligation, on utilise aussi **have to + BV** (have conjugué au temps nécessaire). Alors qu'avec **must**, le sentiment d'obligation vient de l'énonciateur lui-même, avec **have to**, l'obligation est « externe », elle vient de quelqu'un d'autre (ex. : the child's mother says he will have to sleep = *la mère de l'enfant dit qu'il devra dormir*). À la forme négative, son emploi traduit l'absence d'obligation (ex. : you didn't have to cook = *tu n'avais pas à cuisiner/ tu n'avais pas besoin de cuisiner*).

 Traduisez les énoncés ci-dessous

1. Parle plus fort, je ne t'entends pas.

....

2. Je dois me laver les mains avant de manger.

....

3. Peux-tu me donner ton numéro de téléphone ?

....

4. Elle n'a pas besoin de se lever à 6 h.

....

5. Tu dois dormir. Le médecin l'a dit.

....

6. Pouvez-vous m'indiquer le chemin de la gare ?

....

7. Peut-il t'emprunter ta voiture ?

....

8. Je dois appeler ma sœur ce soir.

....

Les lettres silencieuses (2/2)

Rappel du chapitre 14 : il arrive parfois que certaines lettres ne se prononcent pas.
Découvrez les autres cas les plus fréquents et utiles ci-dessous.

N	Ne se prononce pas dans les mots se terminant en **mn** (ex. : hymn ['Him], column ['kol^eu m])
P	Ne se prononce pas dans les graphies **ps** et **pn** de début de mot (ex. : pseudonym [' si**ou**d^eu nim]) + le mot cupboard
S	Ne se prononce pas devant le **l** (ex. : island ['aï^eu nd], *île*)
T	**a.** Ne se prononce pas entre 2 C (ex. : castle ['kas^eu l], *château*) et les graphies C + **-ten** (ex. : listen [' lis^eu n]) **b.** Ni en fin de mot si celui-ci est d'origine française (ex. : gourmet ['**gou**mèï])
U	Ne se prononce pas dans la graphie **gu-** (ex. : guitar ['gitâ^r])
W	**a.** Ne se prononce pas devant un **r** (ex. : write ['raït]) **b.** Ni dans quelques autres mots courants (ex. : who ['**H**ou], two ['**tou**])

10 **Entourez la bonne prononciation**

1. cupboard	**a.** ['keub^eu d]	**b.** ['keupb^eu d]	**c.** ['keup^eu d]
2. psychology	**a.** [païʼkol^eu dji]	**b.** [saïʼkol^eu dji]	**c.** [psaïʼkol^eu dji]
3. Christmas	**a.** ['kristm^eu s]	**b.** ['krism^eu s]	**c.** ['kritm^cu s]
4. autumn	**a.** ['ôt^eu m]	**b.** ['ôt^eu mn]	**c.** ['ôt^eu n]
5. buffet	**a.** ['boufèt]	**b.** ['boufèït]	**c.** ['boufèï]
6. isle	**a.** ['aïs]	**b.** ['aïsl]	**c.** ['aïl]
7. wrist	**a.** ['rist]	**b.** ['ourist]	**c.** ['ouist]
8. answer	**a.** ['eunsou^eur]	**b.** ['euns^eur]	**c.** ['asou^eur]
9. guest	**a.** ['gèst]	**b.** ['djèst]	**c.** ['ouèst]
10. wrong	**a.** ['rong]	**b.** ['ouong]	**c.** ['ron]
11. whose	**a.** ['**H**ou]	**b.** ['**ou**z]	**c.** ['**H**ouz]

Bravo, vous êtes venu à bout
de ce chapitre ! Il est maintenant
temps de comptabiliser les icônes
et de reporter le résultat en
page 128 pour l'évaluation finale.

17

Donner un conseil, faire une demande polie et s'exprimer au conditionnel

- Pour donner un **conseil**, on utilise l'auxiliaire modal **should** [choud]* (*tu devrais...*) ou l'expression **had better** [Had 'bèt^eur] (*tu ferais mieux de...*).

- On s'exprime au **conditionnel** (*si je pouvais...*) avec l'auxiliaire modal **would** [oud]*. Ce temps permet entre autres de faire une demande polie.

- Comme **can** et **must**, ils n'ont **pas d'infinitif** et ils se conjuguent de la **même façon à toutes les personnes**.

* Notez que le l est muet dans les deux cas.

	FA	FN	FI
should	I... they **should + BV**	I... they **should not + BV** F. contractée : I... they **shouldn't** [choud^eunt] **+ BV**	**Should** I... they **+ BV?** On y répond par *yes, I should* ou *no, I should not / shouldn't*. On n'utilise pas la forme contractée quand la réponse est affirmative
had better	I... they **had better + BV** F. contractée : I... they**'d better + BV**	I... they**'d / had better not + BV**	**Had** I... they **better + BV?** (peu utilisé, on lui préfère **should**)
would	I... they **would + BV** F. contractée : I... they**'d + BV**	I... they **would not + BV** F. contractée : I... they **wouldn't** [oud^eunt] **+ BV**	**Would** I... they **+ BV?** On y répond par *yes, I would* ou *no, I would not / wouldn't*. On n'utilise pas la forme contractée quand la réponse est affirmative.

- Comme toujours, s'il y a un mot interrogatif, il se place en début de phrase (ex. : where would I go? *Où irais-je ?* What should we do? *Que devrions-nous faire ?*). Cas de **who** : who should call? *Qui devrait appeler ?* Who would know? *Qui saurait ?*

- **On utilise beaucoup would pour faire une demande polie** (ex. : I would like an apple = *je voudrais une pomme*). On utilise **could** [koud], conditionnel de **can**, pour demander un service poliment (ex. : could you pass me the salt? = *pourriez-vous me passer le sel ?*).

1 Complétez les espaces par HAD, SHOULD ou WOULD

1. Perhaps you .... exercise more.

2. Hello, I .... like to book a table for two.

3. They .... not cycle without wearing a helmet.

4. He .... not laugh, it's not funny!

5. You .... better call her tonight.

Banque de mots
careful ['kè-ᵒᵘʃᵒᵘl] *(prudent)*
even if ['ivᵉᵘn if] *(même si)*
helmet ['Hèlmᵉᵘt] *(casque)*
if [if] *(si)*
rude ['roud] *(grossier)*
to apologise [ᵉᵘ'polodjaïz] *(s'excuser)*
to book ['bouk] *(réserver)*
to complain [kᵉᵘm'plèïn] *(se plaindre)*
to rest ['rèst] *(se reposer)*
to show ['chᵉᵘ-ou] *(montrer)*
to skip ['skip] *(passer, sauter)*

2 adverbes utiles pour atténuer un conseil :
maybe ['mèïbi], utilisé en début ou fin de phrase et **perhaps** [pᵉᵘ'Haps] (un peu plus soutenu), utilisé en début, milieu ou fin de phrase. Ils signifient tous les deux *peut-être*.

2 Complétez les cases pour traduire les mots ci-dessous

1. Se reposer R □□□□

2. Se plaindre □□M□□□□N

3. Réserver □□O□

4. S'excuser □P□L□□□S□

5. Montrer □H O□

6. Grossier R□□E

7. Casque □E L□□T

3 Reliez chaque début d'énoncé à la fin qui lui correspond

1. I had •

2. What you did was rude, •

3. He should not •

4. She will •

5. They would like •

• **a.** you should apologise.

• **b.** to rest, they did not sleep last night.

• **c.** show you her new laptop if you ask her.

d. better book a table, this restaurant is always full!

• **e.** complain, he doesn't have many problems!

4 Remettez les éléments dans l'ordre pour former des phrases pertinentes, puis reliez celles-ci aux illustrations qui leur correspondent

1. hands / her / better / she / had / wash
....
....
....

2. like / would / cake / you / some / chocolate?
....
....
....

3. like / I / please / tea / would / some
....
....
....

4. not / should / swim / eating / after / you
....
....
....

5. be / careful / you / more / should!
....
....
....

• a.
• b.
• c.
• d.
• e.

Le conditionnel dans le discours rapporté (il dit que..., il a dit que...)

• **Would** peut servir à faire la concordance des temps lorsque l'on passe au discours rapporté. Notez que **que** se traduit par **that** et qu'il n'est pas obligatoire de l'utiliser.

• Phrase au discours direct : « **I will get up at 7** »

Temps de la proposition (prop.) principale	Temps de la prop. subordonnée
Présent simple she says...	**Futur (will)** ... (that) she will get up at 7
Prétérit she said...	**Conditionnel (would)** ... (that) she would get up at 7

Hypothèses et irréel

- **Would** sert aussi dans la formulation d'hypothèses.

- **À noter :** au prétérit conditionnel, on ne dit plus I / he / she / it **was** pour dire « *si j'étais, tu étais, il / elle était...* » mais **were** ! (ex. : **if I were you** = *si j'étais toi*). Pour tous les autres verbes, on applique le prétérit que vous avez appris.

Prop. principale	Prop. subordonnée
Conditionnel	**Prétérit**
You would drink tea...	... if you liked it
I would sleep...	... if I were tired

5 Traduisez les discours indirects ci-dessous (dérivés de l'énoncé au discours direct « I will show you my kitchen »)

1. Elle dit qu'elle me montrera sa cuisine.

....

2. Elle a dit qu'elle me montrerait sa cuisine.

....

6 Corrigez les erreurs

1. You would better not cook any meat, she's a vegetarian.

....

2. Why should he watching the film?

....

3. My parents will travel more if they had time.

....

4. Donna says that she would go to the swimming pool too.

....

5. Who would better stop complaining?

....

6. Dean wouldn't wear a helmet even if he has one.

....

7. If I was you, I would better drink less vodka.

....

Dans le chapitre 6, nous avons vu quelques quantificateurs (du, de la, des, un peu de, beaucoup de). Il nous reste à apprendre comment dire *plus de, moins de* quelque chose. Comme toujours, cela dépend si le nom est dén. ou indé. :

- **plus de = more** [môʳ] + dén plur. ou indé. (ex. : more apples, more milk)
- **moins de = less** [lès] + indé. (ex. : less sugar) / **fewer** ['fiou-ᵉᵘʳ] + dén. plur. (ex. : fewer potatoes)

7 Entourez le bon quantificateur

1. I would like **less eggs – fewer eggs**
2. You should eat **less meat – fewer meat**
3. I would like **more potatoes – more bread**

8 Traduisez les phrases ci-dessous

1. On est en retard, tu ferais mieux de te dépêcher. ....
2. Tu devrais manger moins de noix et plus de légumes. ....
3. Où achèterais-tu une voiture, si tu avais plus d'argent ? ....
4. Tu es fatigué, tu devrais peut-être te reposer. ....
5. Je voudrais plus de poivre sur mes pommes de terre. ....
6. Tu ferais mieux de ne pas sauter le petit-déjeuner. ....
7. Pourquoi voudrais-tu plus de lait ? ....
8. Je ne mangerais pas plus de pâtes, même si j'avais faim. ....

Les accents de mots 1/2 (noms et adjectifs)

- En anglais, on entend certaines syllabes plus que d'autres. Chaque mot porte en effet ce qu'on appelle un *accent tonique*. Dans les dictionnaires, comme dans ce cahier, il est signalé par une apostrophe avant la syllabe accentuée. En pratique, la syllabe accentuée est plus forte et plus longue, on l'entend plus clairement que les autres (ex. : dans le mot *table*, on entend surtout le **ta** [tèï], ce nom sera donc noté 'table). Ce sont les mots-clés qui sont accentués : surtout les verbes, adjectifs et noms. Les articles, pronoms, auxiliaires et prépositions ne le sont pas (ex. : the 'cat is on the 'bed).

- Les adjectifs et les noms de 2 ou 3 syllabes sont accentués sur la première (ex. : 'happy, 'confident). En revanche si la dernière syllabe du mot contient **aa, ee, ese, ette, eer, oo, ade** l'accent porte sur cette dernière syllabe (ex. : cru'sade [krou'zèïd], *croisade*, laund'rette [leund^{eu}'rèt], *laverie automatique*, ba'zaar [b^{eu}'zâr], *bazar*, ba'lloon [b^{eu}'loun], *ballon gonflable*, veneer [v^{eu}'nir], *vernis*).

- Exceptions de 2 syllabes : he'llo, Ju'ly.
- Exceptions de 3 syllabes : e'leven, to'mato, po'tato, ba'nana, Sep'tember, No'vember.
- Rappel : le **e** final est muet, ce qui a une conséquence sur le nombre de syllabes des mots (ex. : talkative = 3 syllabes et non 4).

9 RIGHT or WRONG?

1. ra'bbit .... R W
2. Spa'nish .... R W
3. Ju'ly .... R W
4. 'clever .... R W

5. 'hello .... R W
6. 'kitchen .... R W
7. beautl'ful .... R W
8. po'tato .... R W

9. 'interesting ...... R W
10. 'neighbour ..... R W
11. ba'nana .... R W
12. 'career .... R W

10 Entourez la bonne accentuation

	A.	B.	
1.	'shampoo	sham'poo	[cheump**ou**]
2.	dange'rous	'dangerous	[dèïng^{eu}r^{eu}s]
3.	'butcher	bu'tcher	[boutch^{eur}]
4.	lu'cky	'lucky	[leuki]
5.	'helmet	hel'met	[Hèlm^{eut}]
6.	'purple	pur'ple	[**peu**p^{eu}l]
7.	lemo'nade	'lemonade	[lèm^{eu}nèïd]
8.	um'brella	'umbrella	[ambrèl^{eu}]
9.	'restaurant	res'taurant	[rèstr^{eu}nt]

Bravo, vous êtes venu à bout de ce chapitre ! Il est maintenant temps de comptabiliser les icônes et de reporter le résultat en page 128 pour l'évaluation finale.

18
Parler d'événements (passés) toujours en lien avec le présent

- **Formation**

  - **FA : sujet + have* conjugué au présent + participe passé du verbe (pp).** Le pp se forme en ajoutant **-ed** à la base verbale si le verbe est régulier (ex. : he has cooked pasta = *il a cuisiné des pâtes*). Si le verbe est irrégulier, c'est une forme fixe à apprendre (ex. : I have made a cake = *j'ai fait un gâteau*).
  - **FN : sujet + have conjugué au présent + not + pp** (ex. : I have not/haven't cooked pasta).
  - **FI : have conjugué au présent + sujet + pp?** (ex. : has she cooked pasta? Has she made a cake?).

  Pour répondre **oui** ou **non**, on reprend l'auxiliaire, comme d'habitude (ex. : have you cleaned the fridge? Yes, I have / no, I haven't). Comme toujours, on place les éventuels interrogatifs en début de phrase (ex. : why/when have you cleaned the fridge?). Cas de **who : who has cleaned the car?** = *qui a lavé la voiture ?*

  À noter : Comme en français, les pp peuvent être employés comme adjectifs (ex. : the letter is written = *la lettre est écrite*).

- **Utilisations**

  - pour parler d'un événement passé, quand on ne précise pas le moment où il a eu lieu (≠ prétérit). On met alors l'accent sur **les conséquences de l'action** passée dans le présent (ex. : **I have cleaned the fridge** = *J'ai nettoyé le réfrigérateur.* On ne sait pas quand je l'ai fait, mais ça n'a pas d'importance car on veut souligner qu'il est maintenant propre).

  - avec l'adverbe **just** placé après **have**, pour parler d'une action qui vient de se produire (ex. : **I have just cleaned the fridge** = *je viens de nettoyer le réfrigérateur*).
  - pour une action qui a commencé dans le passé et continue dans le présent (alors qu'en français on utilise le présent). Pour traduire **depuis**, on utilisera **for** [fô^r] devant une durée (ex. : **I have lived in London for 2 years** = *j'habite à Londres depuis deux ans*) et **since** ['sins] devant une date ou un moment « précis » (ex. : **I have lived in London since 2014 / my wedding** = *j'habite à Londres depuis 2014/mon mariage*).

- Pour demander si une action s'est déjà produite ou pas, on utilise soit **ever** ['èv^{eur}] (après le sujet) soit **yet** [ièt] (fin de phrase), qui signifient tous deux **déjà**. Cependant **ever** = *de sa vie* (ex. : **Have you ever been to Spain?** = *Es-tu déjà allé en Espagne (de ta vie) ?*) alors que **yet** s'utilise pour une période de temps plus limitée (de la journée par exemple. Ex. : **have you had dinner yet?** = *As-tu déjà dîné ?*).

- **Remarques :**

  - **never**, que vous connaissez = not + ever !
  - Notez cet emploi du superlatif où le present perfect est utile : it's the + superlatif + **I have ever seen** = *c'est le plus... que j'ai jamais vu.*

  * Have fonctionne alors comme un auxiliaire et ne correspond pas au verbe avoir

Banque de mots

flour ['fla-ou^eur] *(farine)*

not yet [not ièt] *(pas encore)*

once ['oueuns] *(une fois)*

pill ['pil] *(cachet, pilule)*

to break down ['brèïk da-oun] *(tomber en panne)*

to breathe ['briDH] *(respirer)*

to cut, I cut, cut ['keut] *(couper)*

to lose ['louz], I lost, lost ['lost] *(perdre)*

to put on weight ['pout on 'ouèït] *(prendre du poids)*

twice ['touaïs] *(deux fois)*

wallet ['ouol^eut] *(portefeuille)*

• Pour les exercices qui suivent, référez-vous au tableau des verbes irréguliers du chapitre 15, si vous ne les avez pas encore (tous) appris !

---

1 Entourez le bon participe passé

1. **be** : been – was – were
2. **read** : rode – read – readed
3. **know** : knowed – knewn – known
4. **eat** : eaten – eated – ate
5. **buy** : buyed – boughten – bought

6. **break** : breaken – broken – breaked
7. **see** : sawed – sawn – seen
8. **think** : thinked – thought – thinken
9. **write** : writ – wrotten – written
10. **drink** : drunk – drinken – drank

---

2 Entourez le bon participe passé employé comme adjectif

1. My glasses are **caten – broken – read**

2. The cake is **read – drunk – eaten**

3. The car was **read – bought – helpt**

4. The milk was **broken – read – drunk**

5. The book was **read – eaten – broken**

---

3 Reliez une lettre à chaque chiffre pour former des phrases pertinentes

Action passée

1. He has put on weight •

2. He hasn't slept well •

3. He has brushed his teeth •

4. She has stopped smoking •

5. She has drunk a lot •

Résultat dans le présent

• **a.** they're clean now

• **b.** she is sick

• **c.** she can breathe better

• **d.** he wears XXL clothes now

• **e.** he is tired

4 Construisez des propositions à l'aide des éléments entre parenthèses, de façon à constituer une phrase pertinente

1. He feels better now because (he – take his pills) ....

2. (He – buy – eggs – not) .... , so he can't make a cake.

3. (I – do – the shopping – not) .... , so the fridge is empty.

4. We are friends again because (she – forgive me) ....

5. My son (play the trumpet) .... for 12 years, so he's a good player now.

5 Conjuguez les verbes au temps qui convient : present perfect, prétérit ou présent simple

1. I don't know this book, I (**not – read**) .... it.

2. Sean (**not – brush his teeth**) .... last night.

3. My wife (**work**) .... in Berlin since 2005.

4. My wife (**work**) .... in Berlin. She loves it there!

5. My parents (**live**) .... in Rome from 1980 to 1990.

6 Entourez le bon adverbe

1. I've played the piano for – since I was ten.

2. Have you called her yet – ago – ever?

3. You went to the doctor's two weeks yet – ago.

4. She is the nicest woman I have yet – ever seen.

5. I'm hungry, I haven't eaten for – ago – yet.

6. He has been a lawyer for – since – ever 1987.

7. Have you ago – ever – yet played rugby?

8. They have been married since – for 20 years.

7 Indiquez ce qu'ils viennent de faire en vous aidant de l'illustration ••

1. He ....

2. The car ....

3. He .... his ....

4. She ....

8 Traduisez les phrases ci-dessous ••

1. Ma sœur n'a pas encore cuisiné le déjeuner. ....

2. Il n'a pas nagé depuis 20 ans. ....

3. Ils sont divorcés depuis 1999. ....

4. As-tu vu mon portefeuille ? Je l'ai perdu. ....

5. Je parle anglais depuis 3 mois. ....

6. Qu'as-tu cuisiné ? ....

- J'ai fait des pancakes. ....

- Quand les as-tu faits ? ....

- Je les ai faits il y a une heure. ....

7. Laura est allée en Allemagne deux fois. ....

8. Oliver a cuisiné espagnol une fois. ....

9. As-tu déjà cassé tes lunettes ? ....

Les question tags

• Maintenant que vous connaissez quelques modaux et les temps principaux, vous pouvez commencer à utiliser ce qu'on appelle des **question tags.** Ce sont des petits énoncés interrogatifs de fin de phrase. Ils sont utilisés pour solliciter une confirmation de ce que l'on vient de dire ou pour marquer la surprise ou l'étonnement (hein ? n'est-ce pas ? si ? non ?).

• On les forme en **inversant le sujet et l'auxiliaire de la phrase et on inverse la polarité** (affirmative ou négative. Ex. : you**'re** tired, **aren't** you? = *Tu es fatigué, non ?* / She **didn't** drink her tea, **did** she? = *Elle n'a pas bu son thé, si ?*). Si la phrase contient **let's**, on reprend par **shall we?**

Les accents de mots 2/2 (verbes)

Les verbes sont généralement accentués sur la **deuxième syllabe**, à part ceux qui se terminent par **-ow, -en, -y, -er, -ish**, qui portent l'accent sur la première syllabe (ex. : to 'allow, to 'publish, to 'wonder, to 'listen, to 'study).

9 Complétez les phrases ci-dessous par un question tag

1. You haven't eaten yet, ... ?
2. He trusts me, ... ?
3. She wasn't shy, ... ?
4. Your birthday is in March, ... ?
5. You apologised, ... ?
6. His wife isn't 60, ... ?
7. They shouldn't have bacon, ... ?
8. She doesn't like him, ... ?
9. You can't speak German, ... ?
10. Let's buy a laptop, ... ?

10 Quel mot est mal accentué ? (un par ligne)

1. to 'follow, to pu'nish, to 'open, to 'hurry

2. to 'finish, to 'listen, to be'gin, to 'apologise

11 Chassez l'intrus

1. to forgive, to believe, to explain, to listen

2. to publish, to open, to worry, to hurry, to forgive, to borrow

12 RIGHT or WRONG?

1. to 'believe........ R W   3. to 'complain..... R W   5. to 'borrow .... R W
2. to 'worry .... R W   4. to for'give .... R W

Le son [ᵉᵘ]

Comme vous l'aurez remarqué, il existe un son [eu] et un son [ᵉᵘ]. Ce dernier se réalise avec n'importe quelle voyelle, dès lors que celle-ci fait partie d'une syllabe non accentuée (ex. : 'children = ['tchildrᵉᵘn]). Dans les graphies **ir, er, ur, or**, la voyelle se prononce [eu] en milieu de mot, la syllabe étant accentuée (ex. : 'girl ['geul]). En revanche, cette voyelle se prononce [ᵉᵘ] si ces graphies sont en syllabe de fin de mot car elles ne sont alors pas accentuées (ex. : 'sister ['sistᵉᵘr]).

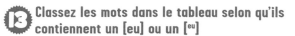

13 Classez les mots dans le tableau selon qu'ils contiennent un [eu] ou un [ᵉᵘ]

thirty, to occur, shower, her, work, university, shirt, verb, doctor, birthday, actor, thirsty, under, church, butcher, herb, better, Thursday, October

> Les terminaisons de mots suivants ne sont pas accentuées, par conséquent leurs voyelles se réalisent par ce son [ᵉᵘ] :
> - ion/tion = [chᵉᵘn] (ex. : 'station : stèïchᵉᵘn)
> - ous = [ᵉᵘs] (ex. : 'famous : fèïmᵉᵘs)

[eu]	[ᵉᵘ]

14 Identifiez la bonne prononciation

	a.	b.	c.
1. 'pasta	a. [pᵉᵘsta]	b. [pastᵉᵘ]	c. [pasta]
2. 'carrot	a. [karot]	b. [kᵉᵘrot]	c. [karᵉᵘt]
3. e'motion	a. [imᵉᵘ-ouchᵉᵘn]	b. [eumᵉᵘ-ouchᵉᵘn]	c. [imᵉᵘ-ouchon]
4. 'salmon	a. [sâmon]	b. [sâmᵉᵘn]	c. [salmᵉᵘn]
5. 'clever	a. [kleuvᵉᵘr]	b. [klèvèr]	c. [klèvᵉᵘr]
6. ca'reer	a. [kᵉᵘri-ᵉᵘr]	b. [karir]	c. [kari-ᵉᵘr]
7. 'elephant	a. [èlifᵉᵘnt]	b. [èlᵉᵘfᵉᵘnt]	c. [ᵉᵘlifᵉᵘnt]
8. 'generous	a. [djènᵉᵘrᵉᵘs]	b. [djènèrous]	c. [djènèreus]
9. 'listen	a. [lisᵉᵘn]	b. [leustᵉᵘn]	c. [liseun]
10. 'cinema	a. [sinèmeu]	b. [sinᵉᵘmᵉᵘ]	c. [sinᵉᵘma]
11. 'confident	a. [konfidant]	b. [konfidᵉᵘnt]	c. [kᵉᵘnfidᵉᵘnt]
12. ba'lloon	a. [baloun]	b. [bᵉᵘloun]	c. [bᵉᵘlon]
13. 'vegetable	a. [vᵉᵘdjètᵉᵘbᵉᵘl]	b. [vèdjtᵉᵘbᵉᵘl]	c. [vèdjètèbᵉᵘl]
14. 'burger	a. [beugᵉᵘr]	b. [bᵉᵘgeur]	c. [beugeur]

15 Identifiez les syllabes contenant le son [ᵉᵘ]

1. 'never
2. 'kitchen
3. 'water
4. edu'cation
5. 'helmet
6. 'April
7. 'honourable
8. 'sofa
9. 'restaurant
10. 'problem
11. 'zebra
12. 'umbrella
13. 'Anna
14. a'go
15. 'postman
16. 'pizza
17. 'colour
18. 'neighbour
19. 'dangerous
20. A'merican
21. 'husband
22. ba'nana
23. 'lemon
24. 'action

Bravo, vous êtes venu à bout de ce chapitre ! Il est maintenant temps de comptabiliser les icônes et de reporter le résultat en page 128 pour l'évaluation finale.

1. Former ses premières phrases 1/2

❶ 1. H 2. J 3. D 4. X 5. R 6. U

❷ 1. [èï] 2. [i] 3. [aï] 4. [iou] 5. [ouaï] 6. [dji] 7. [kèï] 8. [kiou]

❸ 1. [ès] [aï] [èm] [eu-ou] [èn] 2. [pi] [èï] [iou] [èl] 3. [djèï] [èï] [èn] [i]

❹ 1. a 2. an 3. an 4. a 5. a 6. an

❺ 1. The cat 2. An umbrella 3. A rabbit 4. The dog

❻ 1. [DHi] 2. [DHeu] 3. [DHeu] 4. [DHi]

❼ 1. it 2. we 3. he 4. they 5. you 6. she 7. they 8. it

❽ 1. are 2. are 3. are 4. is – a boy 5. is – a dog 6. is – a woman

❾ 1. I am Sarah. I am a girl. 2. Matt's a man. 3. They're sad. 4. Keira is happy. 5. I'm John.

❿ 1. You are ready. – Wrong 2. The cat is sick. – Right 3. The man is English. – Wrong 4. It is a rabbit. – Right

⓫ 1. English 2. Germany 3. Ireland 4. Spanish 5. American 6. Italy

⓬ 1. It is/It's an umbrella. 2. You are/You're American. 3. The girl is/The girl's Irish. 4. The dog is/The dog's sad. 5. We are/We're tired. 6. I am/I'm German. 7. The woman is /The woman's sorry.

⓭ 1. B 2. A 3. C 4. A 5. B

⓮ 1. ['bag] 2. ['kèïk] 3. ['fâmeur] 4. ['bèïkeun] 5. ['kôl] 6. ['taksi] 7. ['bèïbi] 8. ['dâk] 9. ['kap] 10. ['èmeu]

⓯ 1. a. lack – b. lake 2. a. fat – b. fate 3. a. mad – b. made 4. a. plan – b. plane

2. Former ses premières phrases 2/2

❶ 1. She **isn't** 2. we**'re not**

❷ 1. Is the man Spanish? 2. The girl is not ready.

❸ 1. Is Jennifer tired? Jennifer's not/isn't/is not tired. 2. Is Simon Irish? Simon's not/isn't/is not Irish. 3. Are you sick? You're not/aren't/are not sick.

❹ 1. No, it's not/it isn't. It's a cat. 2. Yes, it is. 3. Yes, they are. 4. No, she's not/she isn't. She's happy.

❺ 1. Is Paul Italian? No, he's not. He's German. 2. Is Helena happy? Yes, she is. 3. Is it an apple? No, it's not. It's an egg. 4. Is it a boy? No, it's not. It's a girl.

❻ 1. on 2. in 3. under 4. behind 5. next to

❼ 1. Kitchen : fridge – stove 2. Living-room : armchair 3. Bedroom : wardrobe 4. Bathroom : soap – towel

❽ 1. Where are the soaps? They're on the towel. 2. Where's the boy? He's in the bath. 3. Where are the dogs? They're behind the door. 4. Where's the lamp? It's under the chair.

❾ 1. No, she's not. She's in the bedroom. 2. Yes, he is. 3. Yes, it is. 4. No, she's not. She's between the fridge and the table.

❿ one ; 10 ; four ; 11 ; eight ; 2 ; twelve ; six

⓫ five ; seven ; nine ; eleven

⓬ 1. How many chairs are there? There are two (chairs). 2. How many soaps are there on the towel? There are three (soaps).

⓭ 1. Is there a cat 2. No, there aren't.

⓮ 1. The bathroom is between the bedroom and the kitchen. 2. The carpet is next to the bed.

⓯ 1. It's four (p.m.). 2. It's half past seven (a.m.). 3. It's a quarter to eleven (a.m.). 4. It's a quarter past five (a.m.). 5. It's ten (p.m.). 6. It's ten to ten (p.m.). 7. It's two to three (a.m.). 8. It's eight (a.m.).

⓰ 1. 11:30 2. 11:50 3. 7:15 4. 04:12

⓱ 1. p.m. 2. a.m.

⓲ 1. Good morning – breakfast 2. Good afternoon – a snack 3. Good evening – dinner 4. Good afternoon – lunch

⓳ there – where

⓴ 1. ['bat] / ['bèt] 2. ['bad] / ['bèd] 3. ['tan] / ['tèn] 4. ['pan] / ['pèn]

㉑ 1. paper ['pèïpeur] / pepper ['pèpeur] 2. tale ['tèïl] / tell ['tèl] 3. gate ['gèït] / get ['gèt] 4. late ['lèït] / let ['lèt]

㉒ 1. ten 2. behind 3. brother 4. fine 5. behind

3. Se présenter et présenter une personne ou un objet

❶ Hello, what's your name? First name : **Robert** – Last name : **Summer**

❷ My name is Paul Spencer. [ès] [pi] [i] [èn] [si] [i] [âr]

❸ great – fine – so-so – terrible

❹ 1. These are hats. 2. That is a belt. 3. This is a cap. 4. Those are bags.

❺ 1. These/those – are 2. This/that – is 3. Those/these – are 4. This/that – is

❻ 1. Yes, this is a scarf. 2. No, this is not a hat. This is a rucksack. 3. No, these are not belts. These are watches. 4. No, this is not a bag. This is an umbrella. 5. Yes, this is a cap. 6. No, this is not a rucksack. This is a belt.

❼ 1. What is this? 2. What are these? 3. What are those? 4. What is that?

❽ 1. neighbour 2. wife 3. brother 4. husband 5. sister 6. mother 7. daughter 8. son 9. friend 10. father 11. boyfriend

❾ Hi, I'm Max. **This is** my father, Paul. **This is** my mother, Gemma and **these are** my two brothers, John and Sean. **a.** No, he's not (a teenager). He's a baby. **b.** Yes, he is (a teenager).

❿ Hello, I'm Lucy. This is my **husband**, William. These are my **children** : Ellen, my **daughter** and Adam, my **son**.

⓫ W - Hello, my name's William, what's your name? O - Hello, my name's Ophelia. W - How are you? O - I'm great, thanks. And you? W - I'm fine, thank you. O - Are you married? W - No, I'm not. I'm single. O - Who is this? W - Oh, this is my sister, Juliet.

⓬ 1. b. 2. d. 3. c. 4. a.

⓭ [i] : is, rabbit, sick, morning, kitchen, sister, fridge, in [aï] : right, China, tie, time, fine, tired, behind, wife, Ireland [eu] : bird, thirsty, shirt

4. Indiquer la possession

❶ 1. Suzie **is** Charles and Emma**'s daughter**. 2. Emma **is** Charles**'s wife**. 3. Charles **is** Emma**'s husband**. 4. Adam **is** Suzie**'s brother**. 5. Adam **is** Charles and Emma**'s son**. 6. Suzie **is** Adam**'s sister**. 7. Adam and Suzie **are** Charles and Emma**'s children**. 8. Charles and Emma **are** Adam and Suzie**'s parents**.

❷ 1. Tom's 2. sisters' 3. James's 4. Ian's

❸ 1. There's 2. Their 3. they're 4. There 5. theirs

❹ Réponse 2

5 1. What's your phone number? – 05 27 65 98 33
2. What's her phone number? – [eu-ou sève͏ᵘn èït naïn siks fô tou THri oueun faïv] 3. What's your e-mail address? – [Hapi ante͏ᵘni at djimèïl dot kom] 4. What's his e-mail address? – simon12@aol.co.uk

6 Horizontalement : 3. suit 5. sunglasses 6. boots 8. skirt 9. shirt 11. coat ; Verticalement : 1. trainers 2. socks 4. tracksuit 12. shoes 7. dress 10. cap

7 1. your – Keira's 2. Keira's – mine 3. my – yours

8 1. It's Harry's tracksuit – it's his tracksuit – it's his 2. These are Oliver's and Robert's sunglasses – these are their sunglasses – these are theirs

9 1. Whose coat is this? 2. Whose sunglasses are these? 3. Whose T-shirt is this? 4. Whose bone is this? 5. No, it's not. It's Gribouille's. 6. It's Jenny's. 7. No, it's not, It's Gerald's.

10 1. Wrong 2. Right 3. Right 4. Right 5. Wrong 6. Right 7. Wrong 8. Wrong

11 1. norm 2. euro 3. love 4. son 5. pullover

5. Décrire et parler d'une action en déroulement ou ponctuelle (non habituelle)

1 1. S7 [ès sève͏ᵘn] 2. U8 [iou èït] 3. V7 [vi sève͏ᵘn] 4. T8 [ti èït] 5. V8 [vi èït] 6. letter 7. walk 8. eat 9. cake 10. drink

2 1. No, he is not/he isn't. He is/he's driving. 2. Are they singing? 3. No, she is not/she's not/she isn't. She is/she's drinking. 4. Are they running?

3 1. Jacob is/Jacob's drinking a glass of water. 2. Olivia and Jordan are making a cake. 3. Violet is/Violet's reading a book. 4. Luke is/Luke's sleeping on the sofa. 5. I am/I'm writing a letter. 6. Alice and Clara are watching a film.

4 1. Who is/who's reading? 2. Who is/who's eating? 3. Who is/who's walking? 4. Who is/who's swimming?

5 1. Why is Simon crying? He's crying because he is sad. 2. Why is your sister eating? She's eating because she's hungry. 3. Why is his mother sleeping? She's sleeping because she's tired. 4. Why is Sean wearing a kilt? He's wearing a kilt because he's Scottish. 5. Why are you running? I'm running because I'm late. 6. Why is Charles drinking a glass of water? He's drinking a glass of water because he's thirsty.

6 1. fishmonger's 2. florist's 3. butcher's 4. baker's 5. chemist's

7 1. Where is he going? He's going to the swimming pool. 2. Where are they going? They're going to the cinema. 3. Where is she going? She's going to the station. 4. Where are they going? They're going to the zoo. 5. Where is he going? He's going to the post office. 6. Where are they going? They're going to the restaurant.

8 1. No, he's not at the florist's, he's at Anna's. 2. No, she's not going to the butcher's, she's going to the baker's.

9 1. He's at the doctor's. 2. He's coming from the hairdresser's. 3. They're going to the supermarket. 4. She's going to school. 5. He's at the station. 6. He's coming from the swimming pool.

10 - Who's this woman? - She's Paul's mother. - What is she doing? - She's singing an Irish song.

11 1. play 2. chair 3. air 4. paint

12 1. ['tèl] / ['tèïl] 2. ['pèn] / ['pèïn] 3. ['ouèt] / ['ouèït]

13 1. brew 2. pear 3. tree 4. they 5. head

14 1. it 2. seek 3. fill 4. leave 5. cheap 6. ship 7. slip

6. Utiliser les noms et indiquer une quantité

1 1. butter 2. lemon 3. jam 4. apple 5. bread 6. milk 7. pear 8. spinach 9. pasta 10. banana

2 1. potato 2. egg 3. nut 4. water 5. meat 6. toast

3 1. tomato 2. jam

4 halves, nut, goose, eggs, mouse, life, men, teeth, box, tomatoes

5 1. My hair is black. 2. pas d'erreurs 3. The two women are late. 4. pas d'erreurs 5. The children are tired.

6 1. many – no – a few 2. no 3. many 4. no – a little – much – some 5. much 6. a lot of

7 1. Is there any milk? 2. Yes, there are three (apples) on the table 3. Is there any butter? 4. Yes, there is some on the table. 5. Are there any eggs? 6. Is there any toast? 7. Yes, there are two (steaks) in the fridge.

8 1. Ø 2. the 3. Ø 4. an 5. the 6. Ø 7. Ø 8. Ø – the 9. the 10. a

9 1. He's eating some chocolate. 2. He's eating chocolate, not jam. 3. Is he playing tennis? 4. They're not playing the piano. 5. The spinach is not good. 6. Spinach is not good. 7. Love is blind. 8. There's no sugar in my coffee. 9. Men love football.

10 1. milk chocolate 2. pasta recipe 3. love story 4. apple pie 5. kitchen chair 6. tea bag

11 [iz] : boxes, allergies, bushes, stories, dresses ; [z] : pears, potatoes, eggs, bananas, problems, lives, bags, apples, lemons ; [s] : cats ; rabbits, nuts, pots, soups, caps, socks

12 1. Wrong 2. Wrong 3. Right

13 blue, **bus**, cruise, **nut**, flu, rude, **butter**, **tuna**, true, **barbecue**, **luggage**, glue

14 1. **Story,** son y se prononce [i] alors que les autres se prononcent [j] ; 2. **Cry,** son y se prononce [aï] alors que les autres se prononcent [i] ; 3. **Hungry,** son y se prononce [i] alors que les autres se prononcent [aï]

7. Décrire un objet ou une personne

1 a. ugly → 2 b. cold → 1 c. poor → 4 d. short → 3

2 1. early 2. late

3 1. 2B [tou bi] This is an open door. 2. 2D [tou di] This is a full glass. 3. 4B [fô bi] This is a dirty towel. 4. 4D [fô di] This is a young woman. 5. No, she's not. She's old. 6. Yes, he is. 7. No, he isn't. He's weak. 8. No, it's not. It's good. 9. The dog isn't small. 10. Affirmation fausse. 11. The glass isn't empty. 12. The door isn't closed.

4

H	Q	D	A	R	M	E	Q	D	K	T	L		rouge
O	I	D	Y	H	S	E	E	A	B	N	J		bleu
E	Q	S	D	P	S	Q	P	X	H	V	A		jaune
P	M	D	A	N	E	T	I	S	S	F	A		rose
H	Q	C	T	N	D	M	N	X	O	Y	T		
C	N	A	K	T	U	E	K	V	A	J	O		
S	O	K	D	C	F	R	I	E	N	D	W		
C	E	E	W	P	K	M	T	M	B	O	A		
H	B	G	O	R	N	A	C	I	L	E	A		
O	A	G	A	S	F	E	H	L	U	D	X		
O	W	T	A	B	T	A	E	K	E	O	E		
L	P	L	I	Z	C	Y	N	R	J	R	N		

5 1. No, it's not. It's green. 2. Yes, they are. 3. Yes, it is. 4. No, it's not. It's grey.

6 1. This is a black chair./This chair is black. **2.** These are pink socks./These socks are pink. **3.** This is a red hat./This hat is red.

7 1. am – green tie. **2.** are – purple skirt.

8 1. **What am I wearing**? **You're wearing** a **blue** pullover and a red **scarf**. **2. What is** he **wearing**? He**'s wearing** a **brown** rucksack and a green **hat**.

9 (de haut en bas et de gauche à droite) hair, eye, nose, ear, mouth, hand, leg, head, arm, finger, knee, foot

10 young – fat – hair – green – big – small – long – short – big

11 1. What colour is their hair? – It's blond. **2.** What colour are their eyes? – They're blue. **3.** What is her nose like? – It's small. **4.** What is her mouth like? – It's big. **5.** What are her ears like? – They are big.

12 1. **A.** The door is open **1. B.** The door is closed **2. A.** The man is old **2. B.** The man is young **3. A.** The man's hair is grey **3. B.** The man's hair is brown

13 1. from **2.** in **3.** on **4.** for **5.** for **6.** to

14 1. four **2.** husband **3.** out **4.** blood **5.** mouse **6.** umbrella **7.** door

8. Manier les nombres, dire la date et parler de la météo

1 1. 37 **2.** 92 **3.** 63

2 **a.** 3. forty-seven **b.** 5. sixty-eight **c.** 6. thirteen **d.** 4. twenty-six **e.** 7. ninety-two **f.** 1. seventy-five **g.** 2. nineteen

3 1. It's twenty-three past five a.m. **2.** It's forty-two past nine p.m. **3.** It's nine to eight p.m. (fifty-one past seven est correct mais moins naturel)

4 1. How old are they? They're fifty-four. **2.** How old is she? She's twenty-five. **3.** How old is he? He's twelve.

5 1. How much is the car? It's nine thousand five hundred euros. **2.** How much is the computer? It's eight hundred and ninety euros. **3.** How much are the bikes? They are three hundred and twenty-five euros.

6 **a.** 1. Monday **b.** 6. Saturday **c.** 4. Thursday **d.** 2. Tuesday **e.** 5. Friday **f.** 3. Wednesday **g.** 7. Sunday

7

J	S	P	T	N	N	N	L	U	V	March
E	C	P	Y	N	E	P	S	E	V	April
P	Z	V	A	N	N	S	I	J	S	May
I	S	J	U	M	V	G	T	B	A	June
R	V	J	G	A	A	R	H	T	P	July
L	G	U	U	Y	P	C	T	J	B	August
A	D	L	S	E	R	R	E	R	Z	
I	I	Y	T	A	I	D	L	R	H	
R	R	L	M	R	L	G	E	H	E	
H	A	S	O	G	C	E	Q	R	T	

8 1. Twenty-four, the twenty-fourth, the 24th. **2.** Fifteen, the fifteenth, the 15th. **3.** Twenty, the twentieth, the 20th. **4.** Eighteen, the eighteenth, the 18th.

9 1. January 13th, 2017 ou 13th January, 2017. **2.** November 29th, 1974 ou 29th November, 1974.

10 1. On the fifth of February, nineteen ninety-two. **2.** On the twenty-eighth of July, two-thousand and two.

11

E	D	R	F	O	E	F	D	U	K	1. January – Winter
M	E	E	W	R	F	N	S	V	S	2. May – Spring
S	N	A	T	I	E	G	U	G	A	3. August – Summer
A	U	T	U	M	N	I	M	W	A	4. October – Autumn
A	S	F	H	I	E	T	M	G	N	
G	Q	E	R	E	M	P	E	O	G	
C	T	P	E	A	B	S	R	R	G	
E	S	P	X	I	V	M	N	V	A	
H	I	O	C	E	L	M	T	H	L	
I	F	U	Y	A	C	S	C	T	L	

12 1. What**'s** the **weather like** today? **It's rainy/raining**. **2.** What**'s** the **weather like** today? **It's snowy/snowing**. **3.** What**'s** the **weather like** today? **It's cloudy**. **4.** What**'s** the **weather like** today? **It's sunny**.

13 [i] : rabbit, sister, sick, film, spinach, milk, story, allergy, kitchen, many, hungry [aï] : time, wife, right, write, cry, fine, fly, mice, my, pie, night, life, drive

14 1. table, baker, reign, cake, vein, day, wait, race, steak, play, afraid, break, weight, trainers, pain, away, great, paint, late **2.** man, apple, rabbit, cap, caffein, bag, sad, jam, hat **3.** money, tea, key, rabbit, sea, read, monkey, caffein, clean, receive, ceiling

9. Parler de ses habitudes, activités, goûts et opinions

1 1. She does not/She doesn't play rugby. **2.** Do you exercise? **3.** When do they get up? **4.** I do not/I don't speak English very well. **5.** She goes to school on foot. **6.** Where does he work?

2 1. You always go to the swimming pool on Sundays. **2.** My daughter usually goes shopping every week. **3.** We never play rugby on Saturdays.

3

E	E	Y	C	W	Y	S	G	O	R	C	+ always
Q	Q	W	D	O	R	O	F	T	E	N	often
Y	L	S	O	M	E	T	I	M	E	S	usually
R	F	Z	C	E	L	F	R	Q	Y	S	sometimes
S	U	R	T	I	O	A	R	A	A	D	M
H	S	C	O	T	F	T	W	N	C	X	L
Y	U	O	R	M	A	L	O	Y	H	N	E
S	A	T	U	C	A	I	G	O	E	U	Z
C	L	E	O	P	J	N	E	V	E	R	N
T	L	M	T	R	I	F	I	O	S	S	I
E	Y	S	D	F	D	L	G	H	E	E	T
P	L	E	W	S	I	A	C	V	E	D	S

(right side: + always / often / usually / sometimes / – never)

4 1. B. e. **1.** C. h. **1.** D. f. **1.** G. a. **2.** A. g. **2.** E. c. **2.** F. d. **2.** H. b.

5 1. How does he go to work? He goes to work on foot. **2.** How does she go to work? She goes to work by car. **3.** How do they go to school? They go to school by bus.

6 1. I am Irish, I come from Ireland, I live in Dublin, in a house. **2.** They are Italian, they come from Italy, they live in Rome, in a flat.

7 1. I often drink tea but today I'm drinking coffee. **2.** You always wear black but today you're wearing blue. **3.** My mother never exercises on Tuesdays but today she's playing tennis. **4.** He always drinks water but today he's drinking orange juice.

8 1. No, he isn't. He is a hairdresser. **2.** Yes, she is. **3.** Yes, she is. **4.** No, he isn't. He's a farmer. **5.** No, she isn't. She's a teacher. **6.** No, he isn't. He's a plumber. **7.** Yes, he is.

❾ 1. Your father doesn't hate peas. **2.** Do you not like apples? **3.** My brother doesn't love pineapple. **4.** I don't think it is 3 o'clock. **5.** I don't believe you. **6.** I don't know his parents. **7.** I don't need (any) vegetables.

❿ Pineapple – French beans

⓫ 1. Does Michael like ham? No, he doesn't. He hates ham and eggs, but he loves cherries. **2.** Does Harry like apricots? No, he doesn't. He hates apricots but he loves cheese and apples. **3.** Does Michael like cherries? Yes, he loves cherries but he hates ham and eggs. **4.** Does Emma like ham? No, she doesn't. She hates ham but she loves soup and tomatoes.

⓬ 1. When do you usually exercise? **2.** Who does the shopping? **3.** Do you speak English (very well)? **4.** Where does she sometimes sleep? **5.** How do you go to work? **6.** Why do you go to work on foot? **7.** What does she want?

⓭ 1. Many cats like milk. **2.** The baby is sleeping well today. **3.** Do you think the film is too long? **4.** I'm not drinking tea today. **5.** English people drink a lot of tea. **6.** What does he do? **7.** He doesn't want to go on foot.

⓮ 1. c. **2.** e. **3.** a. **4.** b. **5.** d.

⓯ 1. [s] **2.** [z] **3.** [iz]

⓰ 1. [s] **2.** [z] **3.** [iz] **4.** [s] **5.** [iz] **6.** [iz] **7.** [s] **8.** [z] **9.** [iz] **10.** [z] **11.** [iz] **12.** [z] **13.** [z] **14.** [s] **15.** [s] **16.** [z]

10. Exprimer correctement le verbe avoir

❶ 1. It's in H7 [èïtch 'sèv^{eu}n] **2.** They're in I7 [aï 'sèv^{eu}n] **3.** It's in J7 [djèï 'sèv^{eu}n] **4.** Sausage **5.** Cereal

❷ 1. cancer **2.** temper **3.** bath **4.** drink **5.** good time **6.** holiday **7.** problem **8.** lunch **9.** dream

❸ 1. She's having some tea. **2.** He's having a shower. **3.** They're having an apple.

❹ 1. No, they don't. They have toast, sausages and tea. **2.** No, she doesn't. She has orange juice and cereal. **3.** Yes, he does. He has bacon, eggs, beans and coffee.

❺ 1. glasses **2.** glove **3.** watch **4.** laptop **5.** beard **6.** computer

❻ 1. My friend**'s (= possessif)** dishwasher**'s (= verbe être)** old. **2.** My friend**'s (= verbe avoir)** got a dishwasher.

❼ 1. b. **2.** c. **3.** c. **4.** b.

❽ Jordan has got long black hair, a black beard and blue eyes. He's got a yellow T-shirt, a green skirt/kilt, glasses, a watch, blue gloves, blue shoes, and a red cap.

❾ 1. Has Heather got a pet? **2.** Do I have lunch at 12? **3.** Your husband has not/hasn't got a beard. **4.** He has a bad job.

❿ 2. Have Roger and Charles got a goldfish? No, they haven't got a goldfish but they've got a dishwasher and a laptop. **3.** Has Amy got a dishwasher? No, she hasn't got a dishwasher but she's got a laptop and a goldfish. **4.** Has Jane got a dishwasher? Yes, she's got a dishwasher but she hasn't got a laptop or a goldfish.

⓫ 1. I have got/I've got a sore throat. **2.** Mary's brother has got/brother's got a cold. **3.** Has your mother got the flu? **4.** My dog has got/My dog's got toothache. **5.** They have got/They've got a headache.

⓬ 1. have got **2.** has **3.** have got **4.** has got

⓭ 1. have **2.** has got **3.** am **4.** has got **5.** are – is **6.** are – having **7.** is – is having **8.** has got

⓮ 1. Who has/Who's got a pet? **2.** I always have (some) sugar in my tea. **3.** Are your children hungry? **4.** Have you got a boyfriend? **5.** They have not got/They haven't got any change.

⓯ 1. This is my friend who is a doctor. **2.** Her mother cooks pasta which is good. **3.** He is/He's having a cup of tea which is hot. **4.** She's got a brother who is fat.

⓰ 1. Right **2.** Wrong **3.** Right **4.** Wrong

⓱ 1. b. **2.** a. **3.** a. **4.** b. **5.** b.

⓲ 1. English – butcher – chicken – lunch **2.** cheese – sandwich – kitchen – chair **3.** children – much – chocolate **4.** cherry – chin – shirt

11. Exprimer la comparaison

❶ 1. funny **2.** talkative **3.** famous **4.** boring **5.** lazy **6.** confident. **Orphelins :** shy (timide) – selfish (égoïste)

❷ 1. cheap **2.** sour **3.** heavy

❸ 1. nice – d. **2.** funny – e. **3.** quiet – f. **4.** clever – b. **5.** wonderful – a. **6.** disappointed – c.

❹ 1. Spinach is not as good as cake. **2.** Ponies are smaller than horses. **3.** Mary/Julia is more boring than Julia/Mary. **4.** Patrick is the cleverest son in the family. **5.** This dog is the most dangerous in the world. **6.** My son is less confident than yours. **7.** My neighbour is the least talkative man I know.

❺ 1. better **2.** the worst **3.** the most comfortable **4.** the nicest **5.** less complicated

❻ 1. is as shy as **2.** am less disappointed than **3.** is the least generous **4.** is the luckiest **5.** the saddest

❼ 1. Champagne is more expensive than beer. – Beer is not as expensive as champagne. – Beer is cheaper than champagne. – Champagne is not as cheap as beer. – Champagne is the most expensive. – Beer is the cheapest. **2.** Apple is sweeter than lemon. – Lemon is not as sweet as apple. – Lemon is sourer than apple. – Apple is not as sour as lemon. – Lemon is the sourest. – Apple is the sweetest. [*Notez que "sourer" et "sourest" étant difficiles à prononcer, l'usage s'affranchit parfois de la grammaire et l'on entend fréquemment "more sour" et "the most sour".*]

❽ 1. Is Robert less famous than Liam? **2.** This is the most wonderful film there is. **3.** Am I more selfish than him? **4.** My brother is not richer than you. **5.** Their doctor is the proudest man in town.

❾ 1. ea tit ['ı tit] **2.** wa tchus ['ouo tcheus] **3.** a numbrella [^{eu} 'nambrèl^{eu}] **4.** drin kit ['drin kit] **5.** a noldog [^{eu} n^{eu}-ouldog] **6.** mil kallergy ['mil kal^{eu}dji]

❿ 1. pas de liaison **2.** liaison **3.** liaison **4.** pas de liaison **5.** pas de liaison **6.** liaison **7.** liaison **8.** liaison **9.** pas de liaison **10.** liaison

⓫ 1. [ou] **2.** [j] **3.** [j] **4.** [j] **5.** [ou] **6.** [j] **7.** [ou] **8.** [j] **9.** [j] **10.** [j] **11.** [ou] **12.** [j]

12. Donner un ordre et faire une suggestion/recommandation

❶ 1. Wrong **2.** Right **3.** Right **4.** Wrong **5.** Wrong

❷ 1. him **2.** them **3.** us **4.** her

❸ 1. it – me **2.** her **3.** them **4.** us

❹ 1. Give me your hand! Donne moi la main ! **2.** Have a nice day! Passe/Passez une bonne journée ! **3.** Let us meet at the station! Rejoignons nous à la gare ! **4.** Let them listen to the teacher! Qu'ils écoutent le professeur ! **5.** Let him not go to the post office! Qu'il n'aille pas au bureau de poste ! **6.** Look at the beautiful cat! Regarde/Regardez le beau chat ! **7.** Go to church on Sundays! Va/Allez à l'église le dimanche !

⑤ 1. Boil the water. **2.** Don't spread the butter (on the toast). **3.** Don't grate the cheese. **4.** Chop the onions. **5.** Pour the milk.

⑥ 1. Try again! **2.** Let us/Let's not watch this film tonight! **3.** Forgive him! **4.** Let us/Let's trust Emma! **5.** Tell me the truth! **6.** Let us/Let's have some cheese! **7.** Call me on my mobile! **8.** Don't laugh, it's not funny! **9.** Don't worry!

⑦ 1. ↘ **2.** ↗ **3.** ↘ **4.** ↘ **5.** ↗ **6.** ↘

13. Savoir utiliser les deux structures verbales de base

❶ 1. dancing **2.** cycling **3.** cooking **4.** fishing **5.** painting **6.** drawing

❷ 1. Don't eat/No eating **2.** Don't drink/No drinking **3.** Don't park/No parking **4.** Don't swim/No swimming **5.** Don't fish/No fishing **6.** Don't cycle/No cycling

❸ 1. sleeping **2.** swimming **3.** cooking **4.** wearing blue **5.** driving **6.** singing **7.** What does John hate? He hates playing rugby. **8.** What does Liam hate? He hates playing the guitar. **9.** What does Heather love? She loves walking. **10.** What does Sarah love? She loves reading. **11.** What does Anna hate? She hates cycling. **12.** What does Sean hate? He hates running.

❹ 1. car park **2.** schedule **3.** dry cleaner's **4.** dinner suit **5.** run **6.** campsite **7.** tracksuit **8.** makeover

❺ 1. f. **2.** h. **3.** d. **4.** c. **5.** j. **6.** a. **7.** g. **8.** i **9.** b. **10.** e.

❻ 1. I always take a long shower after **cycling**. **2.** I don't **want to cook** tonight. **3.** His parents **want** him to travel. **4.** What about **rollerskating**? **5.** My **friend can't help smoking.**

❼ 1. going **2.** cooking **3.** travelling – to go **4.** to tell **5.** chopping

❽ 1. Speaking a foreign language is always an asset. **2.** My brother wants to use his phone. **3.** I can't help singing. **4.** His teacher wants him to draw a cat.

❾ 1. I **2.** hate – eight **3.** hand – and **4.** ham – am **5.** hat – at **6.** hair

❿ 1. a **2.** an **3.** a **4.** a **5.** an **6.** a

14. Exprimer des événements futurs

❶ 1. She's going to study. **2.** He's going to clean the bathroom. **3.** She's going to buy a camera. **4.** He's going to hunt.

❷ 1. The conference will **start** at 4 o'clock. **2. I'm going** to the swimming pool this afternoon. **3.** She will **help** you if she has time. **4.** Shall **we go to** the pub? **5.** They**'re** going to buy a new car next week.

❸ 1. Wrong – He's going to wash his hands. **2.** Right **3.** Wrong – It's going to catch a ball. **4.** Wrong – She's going to rollerskate. **5.** Wrong – He's going to send a postcard.

❹ 1. I'll wear **2.** I'm running **3.** I will buy **4.** She's going to run. **5.** I will clean

❺ 1. Shall we invite the neighbours to dinner? **2.** How/What about inviting the neighbours to dinner? **3.** Let's invite the neighbours to dinner!

❻ 1. Shall we feed the ducks? **2.** When does the play start? **3.** Is Tom coming to dinner? **4.** Why are you going to send her a card? **5.** Will you study with me?

❼ 1. f. **2.** g. **3.** a. **4.** d. **5.** c. **6.** e. **7.** b.

❽ 1. I will/I'll sleep from nine to eleven if I'm tired. **2.** I'm going to Spain on the twenty-third of April.

❾ A - What are you doing tonight? **F -** I'm going to the cinema, what about going together? **A -** I won't come if it's a romantic film! **F -** It's a thriller! **A -** Ok, I'll come then. When are you leaving? **F -** Soon, the film starts at nine. **A -** Are you taking an umbrella? **F -** Yes, I am. It's going to rain. **A -** Are you ready? Hurry up, we're going to be late!

❿ 1. because **2.** but **3.** in spite of **4.** if **5.** Unless **6.** anymore **7.** as well/too **8.** so

⓫ 1. a. **2.** c. **3.** b. **4.** c. **5.** a. **6.** b. **7.** c. **8.** b. **9.** b. **10.** a. **11.** b.

⓬ 1. Right **2.** Wrong

15. Exprimer des événements passés, terminés et coupés du présent

❶ write – catch – see – hear – begin – break – tell – drive

❷ 1. was – Was I tired? I wasn't tired. **2.** were – Were we happy? We weren't happy. **3.** was – Was he old? He wasn't old.

❸ 1. thought **2.** gave **3.** had **4.** heard **5.** went **6.** wore **7.** spoke

❹ 1. got up **2.** drank **3.** toast **4.** washed **5.** brushed **6.** hair

❺ 1. d. **2.** c. **3.** a. **4.** e. **5.** b.

❻ 1. I **caught** the flu. **2.** I did not **cook** dinner. **3.** They **were** very sick. **4. Did you see** Patrick at the station? **5.** She **sang** an Irish song. **6.** Who **drove**?

❼ Past: yesterday – last week – 2 days ago. **Present:** today – now. **Future:** next year – in a week – tomorrow.

❽ 1. did not/didn't **2.** Did – like – was **3.** Did – buy **4.** worked **5.** called **6.** made

❾ 1. No, he didn't. He went to the mountain. **2.** Yes, she did. **3.** No, he didn't. He played the piano. **4.** No, she didn't. She broke her glasses. **5.** Yes, he did.

❿ 1. She said that she trusted her son. **2.** He said that he spoke Spanish. **3.** I don't like tea. **4.** I need your pen.

⓫ 1. Shakespeare wrote Hamlet in 1601. **2.** Why were you tired this morning? **3.** We didn't sleep well last night. **4.** My sister forgave me ten years ago. **5.** Where did you buy the lemons? **6.** He said that his name was not *Miller* but *Millet*.

⓬ 1. a. **2.** b. **3.** b. **4.** c. **5.** b. **6.** a. **7.** c. **8.** a. **9.** a. **10.** c. **11.** a. **12.** b. **13.** c. **14.** a.

16. Exprimer la capacité, l'autorisation et l'obligation

❶ 1. swim – either sing or speak Italian. **2.** What can Helena do? She can speak Italian but she can neither sing nor swim.

❷ 1. blind **2.** dumb **3.** hear

❸ 1. glass **2.** fork **3.** cup **4.** knife **5.** spoon **6.** plate

❹ 1. Can you give me a fork **2.** Can I have a cup

❺ 1. You can play the guitar/use your phone. **2.** You can't play rugby/smoke. **3.** You must read (a book). **4.** You mustn't smoke. **5.** Brenda can play the piano/take pictures. **6.** Brenda can't play chess/eat cheese. **7.** Brenda must go to school at 8. **8.** Brenda mustn't eat cheese.

❻ 1. You can take pictures. **2.** You mustn't use your phone. **3.** You mustn't smoke. **4.** You mustn't eat. **5.** You can cycle.

❼ 1. Don't run – No running **2.** Don't dance – No dancing

❽ 1. Simon O'Brien is fourty-five. He's married. He's Irish. He lives in Dublin. He's a baker. He has got a dog. He can't play the guitar but he can play the piano and he can swim. He mustn't run because he's got backache. **2.** Heather Green is thirty-three. She's single. She's American. She lives in Dallas. She's a teacher. She has got two cats. She can paint and draw but she can't play the trumpet. She mustn't smoke because she's got asthma. [She has asthma *est aussi possible car ce mal est plus chronique que ponctuel.*]

9 1. Speak louder, I can't hear you. 2. I must wash my hands before eating. 3. Can you give me your phone number? 4. She doesn't have to get up at 6 o'clock. 5. You must sleep. The doctor said so. 6. Can you show me the way to the station? 7. Can he borrow your car? 8. I must call my sister tonight.

10 1. a. 2. b. 3. b. 4. a. 5. c. 6. c. 7. a. 8. b. 9. a. 10. a. 11. c.

17. Donner un conseil, faire une demande polie et s'exprimer au conditionnel

1 1. should 2. would 3. should 4. should 5. had

2 1. Rest 2. Complain 3. Book 4. Apologise 5. Show 6. Rude 7. Helmet

3 1. d. 2. a. 3. e. 4. c. 5. b.

4 1. She had better wash her hands. – d. 2. Would you like some chocolate cake? – c. 3. I would like some tea, please. – a. 4. You should not swim after eating. – e. 5. You should be more careful! – b.

5 1. She says that she will show me her kitchen. 2. She said that she would show me her kitchen.

6 1. You **had** better 2. Why should he **watch** 3. My parents **would** travel 4. Donna says that she **will**/Donna **said** that she would 5. Who **had** better 6. even if he **had** one 7. If I **were** you, I **would drink**

7 1. fewer eggs 2. less meat 3. Les deux sont corrects

8 1. We're late, you'd better hurry up! 2. You should eat fewer nuts and more vegetables. 3. Where would you buy a car, if you had more money? 4. You're tired, maybe you should rest. 5. I would/I'd like more pepper on my potatoes. 6. You'd better not skip breakfast. 7. Why would you like more milk? 8. I would not/I wouldn't eat more pasta, even if I were hungry.

9 1. Wrong 2. Wrong 3. Right 4. Right 5. Wrong 6. Right 7. Wrong 8. Right 9. Right 10. Right 11. Right 12. Wrong

10 1. b. 2. b. 3. a. 4. b. 5. a. 6. a. 7. b. 8. b. 9. a.

18. Parler d'événements (passés) toujours en lien avec le présent

1 1. been 2. read 3. known 4. eaten 5. bought 6. broken 7. seen 8. thought 9. written 10. drunk

2 1. broken 2. eaten 3. bought 4. drunk 5. read

3 1. d. 2. e. 3. a. 4. c. 5. b.

4 1. he has/he's taken his pills 2. He has not/he hasn't bought any eggs 3. I have not/I haven't done the shopping 4. she has/she's forgiven me. 5. My son has/My son's played the trumpet

5 1. I have not/I haven't read 2. did not/didn't brush his teeth 3. My wife has/My wife's worked 4. works 5. lived

6 1. since 2. yet 3. ago 4. ever 5. yet 6. since 7. ever 8. for

7 1. He has just got up. 2. The car has just broken down. 3. He has just cut his finger. 4. She has just taken a shower./ She has just washed.

8 1. My sister has not/My sister hasn't cooked lunch yet. 2. He has not/He hasn't swum for twenty years. 3. They have been/They've been divorced since nineteen ninety-nine. 4. Have you seen my wallet? I have/I've lost it. 5. I have/I've

spoken English for three months. 6. What have you cooked? – I've made pancakes. – When did you make them? – I made them an hour ago. 7. Laura has/Laura's been to Germany twice. 8. Oliver has/Oliver's cooked Spanish once. 9. Have you ever broken your glasses?

9 1. have you 2. doesn't he 3. was she 4. isn't it 5. didn't you 6. is she 7. should they 8. does she 9. can you 10. shall we

10 1. to 'punish 2. to a'pologise

11 1. to listen (seul accentué sur S1) 2. to forgive (seul accentué sur S2)

12 1. Wrong 2. Right 3. Wrong 4. Right 5. Right

13 [eu] : thirty, to occur, her, work, university, shirt, verb, birthday, thirsty, church, herb, Thursday [eu] : shower, doctor, actor, under, butcher, better, October

14 1. b. 2. c. 3. a. 4. b. 5. c. 6. a. 7. a. (Angleterre), b. (USA) 8. a. 9. a. 10. b. 11. b. 12. b. 13. b. 14. a.

15 1. 'never 2. 'kitchen 3. 'water 4. edu'cation 5. 'helmet 6. 'April 7. 'honourable 8. 'sofa 9. 'restaurant 10. 'problem 11. 'zebra 12. 'umbrella 13. 'Anna 14. a'go 15. 'postman 16. 'pizza 17. 'colour 18. 'neighbour 19. 'dangerous 20. A'merican 21. 'husband 22. ba'nana 23. 'lemon 24. 'action

Bravo, vous êtes venu à bout de ce cahier ! Il est temps à présent de faire le point sur vos compétences et de comptabiliser les icônes afin de procéder à l'évaluation finale. Reportez le sous-total de chaque chapitre dans les cases ci-dessous puis additionnez-les afin d'obtenir le nombre final d'icônes dans chaque couleur. Puis découvrez vos résultats !

	☺	😐	☹		☺	😐	☹
1. Former ses premières phrases 1/2				11. Exprimer la comparaison			
2. Former ses premières phrases 2/2				12. Donner un ordre et faire une suggestion/recommandation			
3. Se présenter et présenter une personne ou un objet				13. Savoir utiliser les deux structures verbales de base			
4. Indiquer la possession				14. Exprimer des évènements futurs			
5. Décrire et parler d'une action en déroulement ou ponctuelle (non habituelle)				15. Exprimer des évènements passés, terminés et coupés du présent			
6. Utiliser les noms et indiquer une quantité				16. Exprimer la capacité, l'autorisation et l'obligation			
7. Décrire un objet ou une personne				17. Donner un conseil, s'exprimer au conditionnel et faire une demande polie			
8. Manier les nombres, dire la date et parler de la météo				18. Parler d'événements (passés) toujours en lien avec le présent			
9. Parler de ses habitudes, activités, goûts et opinions							
10. Exprimer correctement le verbe *avoir*							

Total, tous chapitres confondus ☺ 😐 ☹

Vous avez obtenu une majorité de...

Congratulations! Bravo !
Vous maîtrisez maintenant les bases de l'anglais, vous êtes fin prêt pour passer au niveau 2 !

Not bad at all! Ce n'est pas si mal ! Mais vous pouvez encore progresser... Refaites les exercices qui vous ont donné du fil à retordre en jetant un coup d'œil aux leçons !

Try again! Perséverez !
Vous êtes un peu rouillé... Reprenez l'ensemble de l'ouvrage en relisant bien les leçons avant de refaire les exercices.

© 2016 Assimil
Dépôt légal : janvier 2016
N° d'édition : 4309 - décembre 2023
ISBN : 978-2-7005-0700-3
www.assimil.com
Imprimé en Roumanie par Master Print.

Conception graphique : MediaSarbacane
Mise en pages : Aurélia Monnier pour Céladon éditions
Réalisation : Céladon éditions, www.celadoneditions.com